손자·손녀를 위한

세대를 넘어 이어지는
격대교육

손자·손녀를 위한

세대를 넘어 이어지는
격대교육

성태제 · 박홍식 공저

학지사

[머리말]

'눈에 넣어도 아프지 않다.'는 말을 들어도 느끼지 못했다. 손자와 손녀가 태어나면서 그 말의 의미를 실감한다. 멋진 옷을 사서 입히고, 맛있는 것을 사 먹이고, 갖고 싶은 것을 사 주었을 때 그들이 행복해하는 모습을 보는 것만으로도 즐거움이다. 그러나 무엇인가 더 해 주고 싶은 것이 있어서 그런지 허전하다. 자꾸 더 해 주고 싶다.

어릴 때 할아버지와 할머니는 그렇게 사 주고 하시지는 못했어도 데리고 다니면서 알뜰하게 보살펴 주셨다. 지금도 기억이 생생한 것은 여러 가지 들려주신 이야기이다. 매죽헌의 이름이 삼문인데 태어날 때 하늘에서 '낳았느냐?' 하는 물음이 세 번 있어서 성함을 成三問이라고 지었다는 말씀! 매죽헌의 「봉래산가」나 옛 성현들의 이야기! 살아가는 법도와 예의범절! 그리고 가문이나 집안 이야기! 경복궁, 창덕궁, 남대문과 남산, 그리고 종묘와 사육신 묘 등을 데리고 다니시면서 이런저런 이야기를 많이 해 주셨다. 그리고 한자도 가르쳐 주셨다. 삶의 지표가 된 말씀을 열거해 보면, '정하게 살거라.' '사람은 근본이 있어야 한다.' '호랑이는 죽어서 가죽을 남기고, 사람은 죽어서 이름을 남겨야 하느니라.' '까마귀 노는 데 가지 말라.' '돈 좇아 가면 추해지고, 벼슬 탐하면 비굴해진다.' 등이었다.

손자·손녀들에게 최선을 다함에도 불구하고 드는 허전함은 좋은 이야기를 많이 해 주지 못하기 때문이라는 생각이 들었다. 옛날에 들은 이야기들을 들려주려 했지만, 기억에서 사라진 지 오래고, 별로 해 줄 이야기가 없었다. 구글이나 인터넷 서점에 '격대교육', '조손교육', '할아버지가 손주에게 들려주는 이야기'를 검색해서 십여 권의 책을 구입하여 읽었다. 할아버지가 해 주신 말씀들이 고전과 초학(학문을 처음 배움) 도서에서 나온 내용임을 알게 되었다. '떡 본 김에 제사 지낸다.'라는 속담처럼 이참에 책을 쓰겠다는 무모한 도전을 시도하였다. 책을 쓰는 과정은 책 뒤의 '집필후기'에 기술하였다.

손자·손녀들이 살아갈 미래는 예측하기 어렵다. 제4차 산업혁명 시대가 도래한다는 선언이 있자마자, COVID-19가 출현하여 비대면 생활화의 시대를 겪더니, 챗GPT가 개발되어 스스로 학습이 강조되는 세상이 되어 가고 있다. 이런 세상을 살아가는 세대의 특성은 자기중심적이며 집중하는 시간이 짧고, 긴 문장보다는 간단한 단어나 기호 그리고 그림과 만화에 익숙하다. 다른 나라의 게임과 오락, 음악, 영화 등을 스스럼 없이 받아들인다. 2010년 이후 태어난 세대를 알파세대라 하고, 핸드폰과 아이패드에 익숙하여 할아버지를 대신해서 자연스럽게 키오스크로 음식을 주문해 준다. 이들은 지연, 학연, 혈연, 국적도 초월한 세계시민으로 성장할 것이며, 탈정치, 탈이념, 탈인종, 탈종교적 경향이 높아질 것이다. 할아버지와 할머니들도 손자·손녀 세대의 특성을 알아야 한다.

손자·손녀들과 이야기를 나누다 보면 대화를 피하려 한다고 우울해하는 친구들이 있다. 반찬투정을 하기에 '밥 굶기라' 야단을 쳤단다. 그 후로 손자를 볼 수 없었다는 친구! 너무도 예쁜 나머지 깊은 사랑을 표현했다가 간섭한다는 며느리의 비난에 아들 가족과 멀어진 친구! 세상이 변해 감에 따라 할아버지·할머니도 손자·손녀를 대하는 슬기로운 자세와 지혜가 필요하다.

시대와 세대 변화에 비추어 다시 살펴보아야 할 것이 가족관계이고, 제기되는 것이 윤리 문제이다. 현대사회의 가족관계에 대한 이해도 새로워야 한다. 또한 손자·손녀들이 한 인간으로서 건강하고 행복하게 그리고 사람답게 살아갈 수 있도록 도와주는 할아버지·할머니의 역할도 필요하다. 이런 생각들이 이 책을 쓰게 된 더 중요한 이유였다. 이 책에서는 격대교육의 의미와 중요성, 동서양의 격대교육 현황, 고전과 초학 교재의 내용, 격대교육의 사례, 할아버지·할머니의 자세, 손자·손녀 세대의 특성과 그들이 미래를 살아갈 지혜 등을 다루었다. 그러나 아직도 부족함이 많다. 이 책을 읽는 할아버지와 할머니에게 도움이 되어 화목한 가정, 가족 그리고 집안이 되길 바라는 작은 소망을 피력한다. 우선하는 것은 손자·손녀들이 현명하고 슬기롭게 성장하는 데 도움이 되면 좋겠다.

출판업계가 어려운 환경에 있음에도 불구하고 출판을 주저 없이 맡아 주신 동반자 학지사 김진환 사장님께 감사드린다. 동서양을 함께 하기 위한 공저자와의 쉽지 않은 작업에 공들여 편집해 주신 김순호 이사님께도 심심한 감사의 말씀을 드린다.

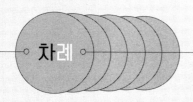

차례

손자·손녀를 위한

세대를 넘어 이어지는
격대교육

01

조손관계와 격대교육

1. 죽어서도 가까운 조부와 손자의 관계

손자는 보기만 해도 좋다. 손자 목소리를 들으면 기운이 샘솟는다. 손자를 통해서 나의 삶이 영속적으로 이어짐을 몸으로 느낀다. 내가 이제 이 세상을 떠나도 나의 흔적이 영원히 남을 것이라는 위안을 받는다. 먼 윗대 할아버지로부터 이어 온 이 땅에서의 삶이 나에게까지 이어 왔고, 내 아들과 내 손자로 전해졌다는 생명의 고귀함에 감사하고 행복하다. 『대지』의 작가, 펄 벅 또한 아들과 손자로 이어져 가는 생명의 영속성, 그 자체가 고귀하다고 말하지 않았던가?

대가족 사회에서 유아기의 손자는 대개 할아버지와 한방에서 생활하였다. 밥상도 맏손자(長孫)는 할아버지와 겸상하는 경우가 많았다. 조부와 손자의 친밀한 관계는 중국 고대 사당의 신주 배열 원칙인 소목(昭穆) 제도에서 찾아볼 수 있다. 소목 제도란 사당에 있어 조상의 신을 모시는 배열 순서에 대한 원칙이다. 소목은 사당 중앙에 모신 시조를 중심으로 왼편의 소(昭)와 오른쪽의 목(穆)을 일컫는 말이다. 이런 원칙을 '좌소우목(左昭右穆)'이라 부른다. 제후의 경우 다섯 분의 조상을 모신 사당(五廟)을 세울 수 있었다. [그림]에서 볼 수 있듯이 중앙의 태조를 중심으로 소(昭)의 열에 두 분의 신위를 모시고 '목(穆)'의 열에 두 분을 모시는 배치 구조를 취한다.

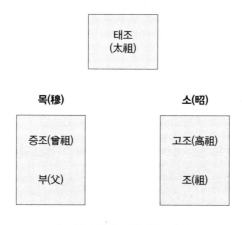

[그림] 소목에 의한 신주 배치

신주 배열에는 '부소자목(父昭子穆)', 곧 아버지는 소(昭)가 되고 아들은 목(穆)이 되어야 한다는 원칙이 있다. [그림]을 보면 증조의 아버지(고조)와 부(父)의 아버지(祖)가 소에 안치되고, 고조의 아들(祖)과 조부의 아들(父)은 목에 자리하고 있다. 이로써 아버지와 아들은 같은 열에 소속될 수 없다. 조부와 손자는 같은 열 옆자리에 속하게 된다. [그림]에서처럼 소의 고조부와 조부, 목의 증조부와 아버지는 모두 조부와 손자, 곧 조손(祖孫) 관계에 놓인 사람들이다. 죽어서도 조부와 손자는 가까운 관계다. 이와 관련하여 "조손 겸상은 있어도, 부자(父子) 겸상은 없다."라는 향언이 전하는데, 위상으로 볼 때 아버지보다는 조부의 권위가 훨씬 높다. 이처럼 최고 권위자인 조부와의 겸상은 허용되지만, 아버지와의 겸상을 꺼리는 까닭은 부자간을 구별하려는 소목의 질서 때문이라 할 수 있다(김미영, 2010).

2. 격대교육이란

전통적인 대가족 사회에서는 할아버지와 할머니가 일정 기간 손자·손녀들의 교육을 담당하였는데, 이를 '격대교육(隔代敎育)'이라 한다. 격대교육이란 '조부와 손자의 관계가 한 세대를 뛰어넘는다(격세대, 隔世代).'는 점에 주목하여 붙인 명칭이다.

할아버지와 할머니가 손자와 손녀에게 무엇인가를 가르치는 행위를 한다면 이는 교육의 범주에 포함될 수 있다. 교육의 범주를 나누어 보면 크게 학교교육과 가정교육으로 나뉠 수 있고, 위계별로 보면 유아교육, 초등교육, 중등교육, 고등(대학)교육으로 구분하니 격대교육은 가정교육에 포함될 수 있으며, 모든 위계의 교육을 망라할 수 있다. 격대교육은 가정교육의 범주 안에서 주로 유아교육과 초등교육의 범위에 속한다고 할 수 있다.

미국에서 살고 있는 자식들이 이야기하는 가운데 본인이 가족(family)에 포함되지 않더라는 친구의 농담을 듣고 웃었던 기억이 있는데, 그럴 수 있다 하더라도 일단은 가족에 포함하기로 한다. 손자·손녀들이 고등학생이나 대학생으로 성장하면 할아버지와 할머니가 조언하는 기회가 줄어들고, 그때는 교육보다는 친구 혹은 말동무 수

준이 되기 때문에 새로운 지식과 생활 등을 가르치기보다는 배우면서 소통해야 한다. 이 시기에는 교육보다 소통을 통해 들어 주고, 이해하며 삶의 지혜를 나누는 소통과 공감에 방점을 두어야 하므로 공감능력이 필요하다.

격대교육을 이야기하기 전에 교육에 대하여 간단히 살펴보자. 칸트는 교육을 '개인의 능력을 완전하게 개발하는 행위'라고 하였고, 뒤르켐은 '교육은 어린이를 사회화시키는 활동'이라고 하였다. 정범모는 '교육은 인간의 행동 특성을 계획적으로 변화시키는 것'이라고 하였다. 이 세 사람이 내린 정의의 공통점을 보면, 교육은 목적을 지닌 행위이며, 인간을 대상으로 한다. 교육은 인간을 바라보는 관점(성선설, 성악설, 성선설, 중립설)에 따라 그리고 목적, 이념이나 신앙에 따라 달라질 수 있다. **격대교육은 어린아이를 상대로 하기 때문에 이념이나 신앙을 초월하여 인간으로서 기본적으로 지켜야 할 도리와 역량을 중심으로 이루어져야 한다.**

격대교육은 가정교육의 범주 안에 있으므로 가정교육에 대하여 알아보면, 가정교육(家庭敎育)이란 가정에서 일상생활을 하면서 하게 되는 교육(위키백과), 혹은 가정에서 일상생활을 하면서 하게 되는 자연발생적인 교육(한국민족문화대백과사전)으로 정의된다.

가정교육은 태어나서부터 죽을 때까지 가정에서 일어나는 형식적이거나 비형식적인 교육으로서 배변에서부터 걸음마, 언어 습득, 식습관, 예의범절, 정서, 품위, 도덕 등 **인격 형성에 커다란 영향을 준다.** 예전에는 집안마다 지켜 오던 가풍(家風)이 있어 강조하는 부분이

달랐기에 가정마다 교육 내용이나 방법이 다양하였다. 일반적으로 유교적 배경을 가진 가정교육은 참다운 인간성 교육을 강조하였다. 따라서 도덕적 인간과 정서적 안정을 자연스럽게 몸에 익히게 하였다. 전통사회에서의 격대교육의 방향은 인간의 도리, 감정의 절제, 부모에 대한 효도, 국가에 대한 충성, 분별심, 절도 있는 행동, 인간의 신의 등을 익히는 데 초점이 맞추어져 있었다.

3. 격대교육의 문화 전통

전통적인 대가족 제도 아래서의 가정교육은 가정뿐 아니라 8촌 이내의 집안 어른까지도 참여하는 경우가 있었으며, 집안의 어른이 가정 안에서나 가족 간의 갈등이 있을 때 해결자의 역할을 하기도 하였다. 가정교육에서 교육의 주체는 부모를 포함하여 할아버지·할머니 그리고 일가친척(一家親戚)이었다.

조손관계에서 친밀함의 근원은 격대(隔代)가 지니고 있는 특성 때문이다. 즉, 부모의 경우 자녀에 대한 높은 기대치로 인해 과도한 성취 욕심이 생겨나게 마련인데, 이런 이유로 자녀를 가르칠 때 감정적으로 대응하게 된다. 사실 말이 좋아 감정적 대응이지, 꾸짖음이고 나무람이다. 반면 할아버지·할머니는 꾸짖거나 나무라기보다는 너그러움과 타이름으로 손자를 대하는 편이다. 물론 할아버지·할머니 역시 장차 집안을 이어갈 손자에게 어느 정도는 기대하고 있지만, 한 세대를 건너뛰는 관계이니만큼 비교적 느긋하게 한발 물러나 있는 편이다. 그러다 보니 **조급한 감정을 앞세우는 것이 아니라 어느 정도는 절제된 자세를 갖게 된다.** 아울러 할아버지·할머니는 **자녀 양육에 대한 풍부한 경험을 바탕으로 하여 더욱 지혜로운 교육을 할 수 있다.** 이런 배경에서 전통사회에서는 자녀들의 교육을 할아버지·할머니에게 맡겨 왔다. 이와 관련하여 유교적 가정에서는 제 아들을 직접 가르치지 않는 것이 불문율이었다.

> 공손추가 말하였다.
> "군자가 자기 자식을 직접 가르치지 않음은 어째서입니까?"
> 맹자께서 말씀하셨다.
> "형편상 그렇게 할 수 없기 때문이다. 가르치는 자는 반드시 바른 도리(道理)로서 가르치려고 하는데, 바른 도리로서 가르쳐도 자식이 바른 도리를 행하지 않으면 노여워하게 되고, 노여워하게 되면 도리어 자식의 마음을 상하게 한다. 그러면 자식도 부모에 대해서 생각하기를 '아버지께서 나를 바른 도리로 가르치시지만, 아버지 자신의 행실도 반드시 바른 도리에서 나오지는 않으신다.'라고 할 것이다. 이렇게 된다면 이는 부자간에 서로 의(義)가 상하는 것이니, 부자간에 서로 의가 상하는 것은 나쁘다. 그러므로 옛날에는 자식을 바꾸어 가르쳤다. 부자간에는 선(善)하라고 요구하지 않으니, 선하라고 요구하면 정(情)이 떨어지게 된다. 부자간에 정이 떨어지게 되면 이보다 더 나쁜 것이 없다." (『맹자』「이루(離婁)」편, 18장)

자식을 가르치는 것은 본래 그 자식을 사랑하기 때문이다. 그런데 노함이 뒤따르면 도리어 그 자식의 마음을 다치게 한다. 아버지가 이미 자식의 마음을 다치게 하면 자식은 마음속으로, '아버지가 나를 올바른 길로 가르치시지만 아버지 자신도 항상 올바른 길을 가시는 것은 아니다.'라고 생각할 것이다. 그렇게 되면 이번에는 자식이 또 그 아버지의 마음을 상하게 하는 것이다. 부자간에 이루어지는 자식 교육은 이러한 상황을 만들어 낼 수 있으므로 유교를 숭상하던 전통 시대에는 자식을 서로 바꾸어 가르쳤다('易子而敎之').

격대교육은 부자간에 이루어지는 교육과정의 부작용을 없앨 방법이 될 수 있었는데, 조손관계는 교육 이상으로 사랑과 친밀한 관계를 우선할 수 있기 때문이었다.

02
격대교육의 동향

1. 우리나라의 경우

최근 우리나라와 중국을 중심으로 한 동아시아에서는 맞벌이 부부가 많아지면서 그들의 자녀를 돌보는 할아버지·할머니들도 자연스럽게 증가하는 추세이다. 특히 할머니들이 손주의 출산에서부터 보살핌과 양육 그리고 보육까지 짊어지는 경우도 늘어나고 있다. 그러다 보니 할머니들의 건강상의 문제가 다양하게 나타나고 우울증에 시달리기도 하며, 심한 경우에는 상담을 받기까지 한다고 한다. 출산과 양육의 수준에 비해 격대교육은 여유로운 노인들의 행복한 삶이라는 말도 일리가 있으나 그에 따른 어려움도 할아버지·할머니들이 겪게 되는 일이라 할 수 있다. 유교문화의 전통이 아직도 살아 있는 우리나라나 중국의 경우 아침부터 손자·손녀를 유모차에 태우고 아파트 거리를 산책하는 모습은 일상적인 풍경이 된 지 오래이다.

2010년을 전후하여 베이비 붐 세대가 노년으로 접어들어 손자·손녀의 양육과 교육에 직간접적으로 관심을 가지게 되면서 격대교육과 관련된 책들이 출판되기 시작하였다. 베이비 붐 세대들은 적어도 서

너 명 이상의 형제들 속에서 자라면서 배우는 문화가 있었고, 부모는 자녀의 육아와 교육만을 전담할 수 있는 환경이 아니었다. 그러나 정작 베이비 붐 세대들 자신은 정부의 출산 제한 정책의 영향을 받아 대부분 하나 또는 둘의 자녀만을 낳게 되었다. 이처럼 핵가족 문화에서 성장한 세대와 다른 문화적 배경을 가지고 태어난 자녀를 키우는 것은 부부의 중요하고도 커다란 문제가 되었다. 그러나 이렇듯 중요하고 커다란 자녀교육에 전념하기에는 부모의 생활이 너무 바쁘다. 그러므로 관심에서 멀어져 가던 할아버지·할머니들의 도움과 역할이 절실해졌다. 이러한 시대적 환경에 따라 '격대교육'이 새로운 조명을 받아 관심을 갖게 될 것이다.

손주 곁으로 이사해요

"다음 달에 살고 있던 아파트를 팔고 손자·손녀를 돌보러 딸 곁으로 이사할 거예요."

맞벌이 부부의 손자·손녀 육아를 위해 먼 거리를 오갈 수 없어 딸과 손주가 사는 아파트 곁으로 이사를 한다는 퇴직자 'A'씨의 말이다.

맞벌이 부부가 대부분인 한국 사회에서 육아와 아동교육은 부모의 힘만으로는 벅차다. 사회기관들의 역할도 아직 충분하지 못한 형편이다. 그 공백을 메워 줄 믿을 만한 응원군으로 등장한 사람들이 바로 할아버지·할머니이다. 할아버지·할머니는 이제 자신들의 인생 황혼기만의 즐거움을 손자·손녀의 육아 교육 담당자 역할에서 찾는 경우가 많다. 할아버지·할머니의 격대교육은 선택과 필수 사이에서 마음의 갈등을 겪는 경우가 많다. 경제적인 형편이 다소 여유 있는 경우에는 자신들의 거처를 딸과 아들 곁으로 옮겨 가는 것이다.

대구에서 서울까지, 서울에서 청주까지

격대교육의 유형은 여러 가지가 있다.

> 첫째, 한집에 살면서 손자·손녀의 육아와 교육을 맡는 경우
> 둘째, 가까이 살면서 오고 가며 손자·손녀의 육아와 교육을 맡는 경우
> 셋째, 사는 곳을 옮기지 않고 먼 거리를 오고 가며 손자·손녀의 육아
>   와 교육을 맡는 경우
> 넷째, 부모의 어쩔 수 없는 사정상 손자·손녀의 육아와 교육을 할아
>   버지·할머니가 완전히 책임지는 경우

B씨는 매주 월요일 아침 일찍 대구에서 출발하여 서울로 와서 손자를 돌보고 금요일 오후에 다시 대구로 돌아가기를 5년이나 계속하였다. 또 C씨는 아들이 낳은 첫 손녀를 5년 동안이나 집에서 돌보다가 손자가 태어나자, 이번에는 서울에서 청주까지 격주로 사돈과 번갈아 가면서 1주일씩 손자·손녀를 돌보고 있다.

손주 가르쳐 주려고 '드론'도 배워요

격대교육에 있어 할아버지·할머니들이 겪는 문제 중의 하나가 바로 손자·손녀들과의 소통이다. 손자·손녀들의 교육을 위해 영어 공부를 다시 시작한 할아버지·할머니가 있는가 하면, D씨와 같은 경우도 있다.

어느 날 필자는 얼마 전 딸을 시집보낸 여성 D씨와 만나 이야기를 나누게 되었다. D씨의 말이다.

"저는 요즈음 문화센터에 개설된 '드론 강의'를 수강 신청했어요."

필자는 '아하, 이분이 노년에 접어들어서도 호기심이 강하고 흥미가 대단한 분이구나!'라고 생각하였다. 그런데 이어지는 D씨의 말을 듣고 놀라움을 감출 수가 없었다.

"사실은 딸이 아이를 낳으면 손주에게 드론을 가르쳐 주고 싶어서 배우는 겁니다."

D씨는 격대교육을 위한 먼 미래를 설계하고 있었다.

할아버지·할머니가 손자·손녀 보육의 일익을 담당하면서 격대교육이 자연스레 병행되고 있는 것이 오늘의 현실이다.

2. 외국의 경우

유럽이나 미국도 할아버지·할머니들이 손자·손녀를 기르거나 보호해 주거나 가르치는 경우가 늘어나고 있다. 이는 할아버지·할머니들의 평균 수명이 늘어나고 여가 시간이 많아지며, 경제적으로도 여유가 있기 때문이다. 이제 할아버지·할머니의 모습은 더 이상할 일이 없어 흔들의자에서 뜨개질로 노후의 시간을 보내는 것이 아니라 책이나 아이패드 혹은 노트북을 들고 있는 모습으로 바뀌었다. 격대교육과 양육, 돌봄의 형태는 명확한 구분이 어렵지만 통합적으로이루어지는 경우도 있으며, 필요에 따라 부분적으로 이루어지기도 한다. 이런 경향에 비추어 할아버지·할머니의 역할(grandparenting)이나 할아버지·할머니가 격대교육, 양육 등에 참여하는 방법, 그리고 그효과에 관한 연구들이 활발히 이루어지고 있다.

미국에서는 50~64세의 50% 정도가 할아버지·할머니이고, 65세 이상은 80%가 할아버지·할머니이며, 일부의 할아버지·할머니들이 격대교육이나 돌봄에 적극적으로 참여하여 그들 인생 후반기의 하이라이트로 여기고 있다(Harrington Meyer, 2014; Livingston & Parker, 2010). 65~74세 여성의 31% 그리고 남자의 19%가 손자·손녀와 시간을 보내는 것을 최우선 순위로 두고 있으며, 미국 노인의 50%가 성인 자녀나 손자·손녀에게 재정적 지원을 하고 있고, 39%는 손자·손녀를 돌보고 있다고 한다(Livingston & Parker, 2010).

영국의 전 총리 카메론은 2014년에 영국의 어린이를 돌보는 데 드는 비용 700만 파운드(Daily Telegraph, Citation, 2015)보다 더 많은 돈을 쓰는 거의 600만 명의 알려지지 않은 주인공(unsung heroes)을 언급하였다. 2년 후 International Longevity Centre(2017)는 900만 명의 할아버지나 할머니가 거의 300만 명의 손자·손녀를 정기적으로 돌보는 'UK's Grandparent Army'가 되었다고 보고하고 있다. 손자·손녀를 돌보는 할아버지와 할머니들의 2/3 정도는 손자·손녀들을 기르는 데 필요한 재정적 지원과 옷, 장난감, 놀이, 취미, 용돈은 물론이고 베이비시터의 비용까지도 지원한다고 한다. 유럽에서도 할머니의 44%가 손자·손녀들을 돌보는 데 정기적으로 도움을 주고, 할아버지의 42%도 역시 유사한 일을 하고 있다고 보고하고 있다. 이런 현상은 부모들이 직장에서 경력을 쌓아 승진하고 수입을 올리기 위하여 노력하기 때문에 자녀들에게 신경을 쓰지 못하는 데에 그 직접적인 원인이 있다고 본다. 여기에 은퇴한 할아버지·할머니들이 자녀의 자녀 양육을 도와주는 현상이 일반화되는 추세가 간접적 원인이 되어 격대교육은 시대의 흐름이 되어 버렸다.

버차난과 로트키리치(Buchanan & Rotkirch, 2018)는 할아버지·할머니가 손자·손녀 교육이나 보육에 관심을 두게 되는 또 다른 이유로 일하는 엄마(working mom)와 이혼이나 미혼모가 늘면서 홀엄마(single mom)들이 증가하기 때문이라고 하였다. 이에 따라 할아버지·할머니의 교육이나 보육이 부모의 경우와 어떤 차이가 있고, 어떤 문화적 차이가 있는지, 정치·사회적 함의가 무엇인지에 관한 관심이 높아지고 있다. 그러면서 결론적으로 이런 추세라면 할아버지·할머니의 교육이나 보육은 우리의 미래 시민이 될 손자·손녀를 위하여 체계적으로 통합할 필요가 있으며, 할아버지·할머니는 우리의 미래를 위한 수호자(guardian)라고까지 주장하고 있다.

할아버지·할머니 시기(grandparenthood)는 인생 후반기에서 공통으로 겪는 중요한 시기로서 연구의 대상이 되고 있다. 특히 할아버지·할머니가 되면서 손자·손녀와 만나게 되고 그들의 삶에 영향을 줄 수 있다고 보았으며, 때에 따라 같이 지내거나 일시적으로 양육을 도와주면서 가르치거나 보호하는 역할을 하게 된다. 영국의 경우 워킹맘의 자녀 35% 정도는 할아버지·할머니가 돌보고 있다(Statham, 2011). 그 할아버지·할머니는 등교나 하교 그리고 주말까지 중요한 역할을 맡고 있다고 한다. 미국의 경우도 National Association of Child Care Resource and Referral Agencies(2008) 보고에 의하면 13세 이하의 손자·손녀를 둔 할아버지·할머니의 약 60%가 차로 1시간 이내 거리에 살면서, 손자·손녀를 돌본다고 보고하고 있다. 뿐만 아니라 학비나 옷 그리고 용돈 등으로 적지 않은 재정적 지출도 한다고 한다. 손자·손녀를 돌보는 데 일반적으로 이탈리아, 스페인, 그리스의 할아버지·할머니는 다른 나라 할아버지·할머니보다 두 배 이상의 시간이나 노력을 들이고 있다고 한다.

이런 경향에 따라 최근에는 손자·손녀의 삶에서 할아버지·할머니의 역할이 중요해지고 있어 할아버지·할머니가 미치는 영향과 관계에 관한 연구가 가족학, 인구학, 심리학, 경제학 그리고 인류학적 관점에서 활발히 진행되고 있다. 특히 National Survey of Families and Households(NSFH)에서는 1987년과 1988년에 미국을 대표하는 13,007 가정을 무선표집하여 지속적으로 가장을 인터뷰하는 연구를 하였다.

더니폰과 바자라차아(Dunifon & Bajracharya, 2012)는 할아버지·할머니와 손자·손녀와의 관계에서 중요한 요인은 손자·손녀와의 물리적 거리, 부모의 나이, 성이라 하였으며, 할머니가 할아버지보다 손자·손녀와 관계가 더 깊고 길다(Creasey & Koblewski, 1991; Creasey, 1993; Furman & Buhrmester, 1992; Elder & Conger, 2000)고 하였다. 이것은 손자·손녀와 할아버지·할머니 관계의 질에 관하여 분석하는 연구로서 5개 영역을 제시하였으며, 5개 영역은 지원(support), 동반(companionship), 존경(admiration), 영양(nurturance), 그리고 친근감(intimacy)이다.

뮬러와 엘더(Mueller & Elder, 2003)는 할아버지·할머니와 그들 부모와의 관계가 좋을 때 조손관계도 좋으며, 손자·손녀가 그들 부모와 할아버지·할머니와의 관계를 잘 지켜 준다고 하였다. 할아버지·할머니와의 관계에서 할아버지·할머니가 손자·손녀와 직접적 만남을 통하여 그들에게 자신감을 부여하고 롤 모델로 여길 수 있으며, 학업이나 하는 일이 성공할 수 있도록 격려하고, 어떤 일에 대하여 상의하면 할수록 정서적 지원 면에서 효과적이라 하였다. 또한 할아버지·할머니가 손자·손녀가 부모로부터 받는 스트레스를 감소시키고 정신건강 측면에서 안정감과 자신감을 높여 주기 때문에 그들이 사회적으로도 성공할 확률을 높인다고 하였다.

온타이와 콘거(Ontai & Conger, 2010)는 할아버지·할머니가 3~4세 유아를 둔 엄마들의 서툰 양육 행동을 도와주고 부정적 관계를 해소하는 데 결정적 역할을 한다고 하였다. 특히 사춘기인 손자·손녀와의 관계는 청소년기의 일탈이나 위험한 행동 그리고 성적 행동 등의 문제를 예방할 수 있으며, 잠재적 멘토의 역할까지 할 수 있다고 하였다. 11~16세 할아버지·할머니의 교육과 관련된 연구(Attar - Schwartz & Buchanan, 2018; Tan, 2018; Wild, 2018)에서는 할아버지·할머니 교육이 손자·손녀에게 발생할 수 있는 문제를 미리 방지하고 인지능력과 사회적 적응력을 향상시킨다고 보고하고 있다. 루이즈와 실버스테인(Ruiz & Silverstein, 2007)은 18~23세 연구에서 할아버지·할머니와 손자·손녀 간의 적절한 관계는 그들의 스트레스를 낮춰 준다고 보고하였다.

할아버지·할머니가 격대교육이나 돌봄을 하지 않는 것은 가족 간의 관계, 복잡한 가족 구성, 시간 문제, 충분하지 않은 재정 상태, 건강 문제 그리고 손자·손녀에 대한 관심이 부족하기 때문이라 하였다 (Cherlin, 2010; Cherlin & Furstenburg, 2009; Meyer, 2014; Hayslip, Fruhauf, & Dolbin - MacNab, 2017; NACCRRA, 2008). 할아버지·할머니들이 손자·손녀들을 가르치거나 기르거나 돌보는 과정에서 일어나거나 느끼는 책임감과 심리적·경제적 부담도 손자·손녀와의 관계를 멀어지게 하는 원인이 될 수 있다고 보았다.

격대교육, 양육, 돌봄은 할아버지·할머니와 부모의 관계, 할아버지·할머니의 교육 수준, 전문직 여부, 경제적 수준 그리고 할아버지·할머니의 가치관에 따라 다양하게 진행되고 있다. 일반적으로 학력이 높고 전문직에 종사하는 유대인의 경우 이런 활동이 매우 체계적으로 전개되고 있다. 상류계층에서 가업을 계승한다거나 가문의 전통을 이어 주기를 원하는 할아버지·할머니의 경우 손자·손녀에 대하여 관심이 많은 편이다. 중산층의 경우 손자·손녀를 위한 활동의 범위는 너무 넓어 간단하게 설명할 수 없지만 경제적으로나 시간적으로 여유가 있는 할아버지·할머니의 경우 손자·손녀를 돌보는 경향이 높다고 할 수 있다. 그런가 하면 미국에 정착하여 안정을 찾고 성공한 히스패닉이나 동양인 그리고 흑인들의 경우 가족의 역사를 가르치기 위해 격대교육을 강조하는 경우도 있다. 그러나 경제적으로 기본적 생활을 영유하기 어려운 형편에 있는 할아버지·할머니의 경우 손자·손녀를 돌보기조차 불가능하다고 보고 있다.

격대교육, 양육, 돌봄에 대한 일반적인 상식과 정보 그리고 사례 등 다양한 자료와 정보를 제공하는 온라인 홈페이지 American Association of Retired Persons Grandparent Information Center(https://www.aarp.org/relationships/)가 있다. 외국의 격대교육의 일환으로 돌봄, 양육, 보육, 교육의 역사가 길고 내용도 방대하며, 방법 또한 매우 다양하다. 최근의 동향은 매우 변화무쌍하므로 지면에 열거된 내용은 극히 일부분이라 생각한다. 격대교육에 관심이 있는 독자는 더 많은 내용에 대해 찾아보기를 권유한다.

03

격대교육의 가정교육

1. 손자·손녀를 어떻게 바라보아야 할까

인간을 보는 관점에 따라 교육이나 양육의 방법이 다를 수 있다. 인간 본성에 대한 관점으로는 성악설, 성선설, 그리고 중립설을 들 수 있다. 성악설은 인간은 태어날 때부터 악한 인성을 가지고 태어난다는 학설로 홉스, 프로이트와 순자 등이 주장하였다. 성악설에 근거하여 홉스는 '인간사는 만인에 의한 만인의 투쟁'이라고 하였다.

루소, 소크라테스, 페스탈로치는 인간은 태어날 때부터 선하게 태어난다고 보았다. 공자는 "성품은 서로 비슷하지만, 습관에 의하여 서로 멀어지게 된다(性相近也 習相遠)"라고 하였다. 맹자와 페스탈로치는 모두 성선설을 주장하였는데, 특히 페스탈로치는 어린아이들에게 작물을 키우게 하여 노작의 기쁨을 경험하도록 하는 게 중요하다고 강조하였다.

한편, 로크는 인간이 태어날 때 악하지도 선하지도 않은 백지상태로 태어난다는 타블라 라사(tabula rasa) 이론을 주장하였다. 백지에 어떤 그림을 그리느냐에 따라 다르듯이 인간은 백지상태로 태어나

이후 경험에 따라 결정된다는 이론이다.

인간은 또한 행동 특성의 관점에서 능동적, 수동적, 그리고 상호보완적이라는 관점으로 다르게 바라볼 수도 있다. 수동적 관점은 행동주의 관점으로 인간은 자극을 받아야 반응이 일어난다는 이론이다. 대표적인 학자로는 스키너와 파블로프가 있다.

한편 인간은 생각하는 동물이므로 자극에 의해서만 반응하는 것이 아니라 지각하고 인식하기 때문에 능동적이라는 관점도 있다. 인간은 각자의 환경이 모두 다르므로 인지하는 과정이나 목표가 달라 행동주의자들이 주장하는 것처럼 자극에 따라 같게 반응하지 않는다는 이론이다.

상호보완적 관점은 인간의 행동은 능동적이거나 수동적일 수 있으며, 이는 상호보완적 관계에서 형성된다는 이론이다. 인간의 행동이 수동적으로 일어난다고 하더라도 그가 느끼고 인지하는 과정에서 능동적으로 될 수 있으며, 반대로 능동적으로 행동을 하다가도 수동적으로 될 수 있다는 주장이다.

인간이 가지는 목적의식의 관점에 따라 인간을 다르게 이해할 수도 있다. 그것은 무목적적, 유목적적, 현상학적의 분류인데, 인간은 아무 목적 없이 행동할 수 있다는 주장과 목적이 있어야 행동한다는 주장이다. 현상학적이란 인간의 행위에 의미가 부여될 때 비로소 그 목적이 생긴다는 것이다.

이처럼 인간을 바라보는 관점이 다양한 것처럼 격대교육에서도 손자 · 손녀를 바라보는 관점에 따라 교육이 다를 수 있다. 너무 어린 아이들을 대상으로 이런 분류 기준에 비추어 교육할 필요가 있느냐는 반문도 있을 수 있으나, 그래도 가능하면 할아버지·할머니가 손자·손녀에 대한 관점을 가지는 것이 필요하다. 아이가 태어났을 때 악할 것인가, 선할 것인가, 아니면 중립적일 것인가에 대해 명확하게 답하지 못하더라도 순수하다는 느낌만은 동일할 것이다. 악하든가 혹은 선하든가의 관점보다는 아이들은 깨끗한 백지상태일 것으로 보는 것이 바람직하다. 로크가 타블라 라사라는 용어를 사용하면서 어린아이는 백지상태이기 때문에 그 백지에 그림을 그리는 것과 같이 아이들의 인격이 형성된다고 주장한 것처럼, 손자·손녀에 대한 선입견으로 그들의 부모와 연관을 지어 생각하는 것을 조심해야 한다. 그러니 중립설과 인간은 착하게 태어난다는 성선설을 지지하는 것이 격대교육의 올바른 방향이 아닐까 한다.

아이들이 자라면서 그들의 행동이 능동적인가, 수동적인가 혹은 상호작용적인가는 그들의 행동으로 나타날 수 있다. 상호작용적인 것은 그들을 둘러싸고 있는 환경에 의하여 행동이 이루어진다는 주장이다. 행동주의 학자들은 인간은 수동적이기 때문에 자극을 주어야만 반응이 일어난다는 이론을 전개하고 있으나, 인간은 생각하는 동물이므로 능동적 존재라는 주장이 우세하다. 여기에서 피해야 할 것은 손자·손녀가 수동적이라는 생각이다. 할아버지와 할머니는 손자·손녀에게 생각하게끔 하고, 능동적으로 행동하게끔 하여야 한다. 또한 주변 환경에 따라 행동하는 능력을 길러 주도록 해야 한다.

아이가 성장하면서 무엇을 하고자 하는 욕구가 자연적으로 발생하고, 본인들의 행동에 의미를 부여하게 되면 더욱 목적의식이 뚜렷해진다. 그러므로 하고 싶은 일을 하도록 옆에서 격려하고 그들이 느끼고 다음 행동을 할 수 있도록 돌보아야 한다. 할아버지·할머니가 손자·손녀는 악한 존재이고 수동적으로 행동할 것이고, 목적의식이 없다고 생각할 필요는 전혀 없다. 이런 관점에서 조금이라도 손자· 손녀를 바라본다면 격대교육은 안 하는 것만 못할 것이다.

인간관에 비추어 손자·손녀를 어떻게 보더라도 그들은 할아버지·할머니에게 엄청난 사랑의 대상이다. 옛날 할아버지와 할머니가 내게 해 주셨던 기억을 더듬으면, 한마디로 말할 수 없지만 엄청난 사랑을 주셨던 것 같다. 내가 할아버지가 되어서 손자·손녀를 대해 보니까 지금 내 마음과 같으셨을 것이라는 생각이 든다. 아가페적인 사랑의 대상! 친구와 다른, 연인과 다른, 아내와 다른 차원에서 더 높은 사랑! 사랑! 묻지도, 따지지도 않고 무조건 주고 싶은 사랑! 이런 대상을 굳이 부정적인 관점에서 바라볼 필요가 전혀 없다는 생각이다.

2. 예전부터 내려왔던 격대교육

퇴계의 종손인 이근필 옹은 격대교육의 필요성에 대해 다음과 같이 이야기하였다.

부형이 아들을 가르칠 땐 욕심이 과해서 자식을 때리는 경우가 생겨서 아이가 반감을 품게 된다. 그래서 친구끼리 자식을 바꾸어 가르쳤던 것이다. 그런데 조부는 아들보다 더 귀여운 손자를 사랑을 가지고 대한다. 그러니 심한 야단을 치지 않게 되고, 엄격한 가운데 사랑을 가지고 가르치니 교육이 제대로 된다(이순형, 2008).

유안진(1990)은 격대교육의 가정교육 전통은 대개 할머니의 '무릎학교'와 할아버지의 '사랑채 교육'으로 이루어진다고 하였다. 할머니는 안채에 머물면서 손자·손녀에게 놀이도 가르쳐 주고, 동요도 불러 주고, 전래동화도 들려주었다. 할머니는 놀이학교의 교사이자 보육교사이며, 대리모인 동시에 구전동요 구술 선생님이었다. 손자·손녀는 할머니로부터 자연스럽게 정서적 안정을 얻고 올바른 인격 형성의 터전을 마련할 수 있었다. 할머니는 손자·손녀에게 자기 삶의 경험과 지식을 바탕으로 가족의 내력, 가정에서의 역할, 소양 교육 등을 계속해서 반복적으로 전달해 주었다.

손자의 경우에는 할아버지가 있는 사랑채에서 생활하였다. 과거 전통사회에서 아버지와 아들은 대개 같은 방을 쓰지 않았다. 『예기』라는 책에 "군자는 손자를 안아 주지만 자식은 안아 주지 않는다(『예기』, 「곡례」 상)."라는 말이 있다. 아버지와 아들이 만남의 빈도를 줄여서로 간의 갈등을 일으키지 않는 것이 좋다는 생활의 경험이 반영된 생활 습관으로 보인다. 반면에 사랑채에서 할아버지와 같이 생활하는 손자는 무조건적인 사랑을 듬뿍 받으며 사랑채에서 이루어지는 성인 남성들의 생생한 생활상을 보고 듣고 느낀다. 사랑채 현장에서 격대교육이 자연스럽게 이루어지는 것이다. 퇴계 종손 이근필 옹의 다음과 같은 사랑채 현장교육 이야기는 격대교육을 실감 나게 전해 준다.

다섯 살 가까이 되면 증조부나 조부 방으로 나간다. 증조부나 조부 방으로 나가지 않겠다고 말해도 안 될 일이다. 나는 증조부와 조부 방에서 기거하는 것이 불편했다. 어른 옆에서 노인 어른과 함께 한 이불을 덮고 잔다는 것이 불편한 일이다. 아이들 이불이 따로 없어서 조부와 한 이불을 덮고 자는데 내가 이불을 끌어당겨서 늘 조심스러웠다. 5, 6세밖에 안 되었어도, 아침마다 조부 방의 요강을 치우고 이불을 펴고 갰다. 밤에 잠자리에 들어서는 조부에게 이야기를 듣곤 했다. 그렇다고 조상에 대해서 또는 종손이 되는 법에 대해서 의도적이고 계획적으로 교육하는 프로그램이 있었던 것은 아니다. 잠자리에서, 또는 문중 어른들과 집안 어른들의 대화 속에서 '○○ 할머니는 어떻게 하고, △△ 할아버지는 어떻게 하고' 하는 말을 들어왔다. 또 제삿날마다 조상의 이야기를 듣고 부모가 생활 속에서 하는 행동을 보고, 그리고 몸으로 겪어 보는 견문이 곧 교훈이 되는 것이다(이순형, 2008).

손자는 할아버지와 사랑채에서 같이 생활하면서 심부름을 통해 사람과들의 사회적 관계를 맺는 방법도 익히고 제사를 모시거나 손님을 접대하는 등의 예법도 익히고, 붓글씨도 쓰며, 사내아이로서의 수련 단계를 거치게 된다. 퇴계의 경우 손자인 안도가 다섯 살이 되던 해에 처음으로 글을 읽자 『천자문』을 직접 써서 가르쳤고, 손자가 여덟 살이 된 이후에는 『효경』을 가르쳤다고 한다.

04

격대교육으로서의 교육목표

옛말에 '호랑이가 죽으면 가죽을 남기고, 사람이 죽으면 이름 석
자를 남긴다.'라는 말이 있다. 이는 무엇을 하든 인류의 역사 발전에
이바지하라는 뜻으로 받아들일 수 있다. 유교의 관점에서는 가문의
명예를 빛내고 개인적 성취를 이루라는 조언이라고 할 수 있다. 인간
의 행동은 유목적적이거나 상호보완적으로 보기 때문에 가정에서는
목적을 가지고 교육하게 된다. 이를 대변하는 것이 가훈이라 할 수
있다. 가훈은 가문에서 전통적으로 내려오는 덕목으로 집안마다 다
양하고 시대마다 변화될 수 있다. 이런 가훈을 기초하여 가정교육의
목표를 설명하기는 너무 방대하다.

학교에서는 교훈으로 교육목표를 제시하고, 각 반에서는 급훈으
로 교육의 목표를 제시한다. 이 또한 반마다, 학교마다 다양하기에
이러한 목표를 국가적 차원에서 보다 포괄적인 내용으로 교육목표를
설정한다. 우리나라에서는 홍익인간 양성을 교육목표로 삼고 있다.
격대교육을 위하여 우리나라의 교육목표와 미국의 교육목표를 살펴
본다.

1. 홍익인간을 만들기 위한 우리나라의 교육목표

우리나라의 교육목표는 「교육기본법」에 드러나 있다.

제2조(교육이념) 교육은 홍익인간(弘益人間)의 이념 아래 모든 국민으로 하여금 인격을 도야(陶冶)하고 자주적 생활 능력과 민주시민으로서 필요한 자질을 갖추게 함으로써 인간다운 삶을 영위하게 하고 민주국가의 발전과 인류공영(人類共榮)의 이상을 실현하는 데에 이바지하게 함을 목적으로 한다.

교육의 목적을 이루기 위한 구체적 방안으로 초·중등학교 교육과정[2002개정 교육과정(교육부 고시 제2022 − 33호)]에 교육과정의 성격과 실천 방안을 보여 주고 있으며, 원하는 인간상을 다음과 같이 밝히고 있다.

① 전인적 성장을 바탕으로 자아정체성을 확립하고 자신의 진로와 삶을 개척하는 자기주도적인 사람
② 폭넓은 기초 능력을 바탕으로 진취적 발상과 도전을 통해 새로운 가치를 창출하는 창의적인 사람
③ 문화적 소양과 다원적 가치에 대한 이해를 바탕으로 인류 문화를 향유하고 발전시키는 교양 있는 사람
④ 공동체 의식을 바탕으로 다양성을 이해하고 서로 존중하며 세계와 소통하는 민주 시민으로서 배려와 나눔, 협력을 실천하는

더불어 사는 사람

이 교육과정이 추구하는 인간상을 이루기 위해 교과교육과 창의적 체험활동을 포함한 학교교육 전 과정을 통해 중점적으로 기르고자 하는 중요한 역량은 다음과 같다.

① 자아정체성과 자신감을 가지고 자신의 삶과 진로를 스스로 설계하며 이에 필요한 기초 능력과 자질을 갖추어 자기주도적으로 살아갈 수 있는 자기관리 역량
② 문제를 합리적으로 해결하기 위하여 다양한 영역의 지식과 정보를 깊이 있게 이해하고 비판적으로 탐구하며 활용할 수 있는 지식정보처리 역량
③ 폭넓은 기초 지식을 바탕으로 다양한 전문 분야의 지식, 기술, 경험을 융합적으로 활용하여 새로운 것을 창출하는 창의적 사고 역량
④ 인간에 대한 공감적 이해와 문화적 감수성을 바탕으로 삶의 의미와 가치를 발견하고 향유하는 심미적 감성 역량
⑤ 다른 사람의 관점을 존중하고 경청하는 가운데 자신의 생각과 감정을 효과적으로 표현하며 상호 협력적인 관계에서 공동의 목적을 구현하는 협력적 소통 역량
⑥ 지역·국가·세계 공동체의 구성원에게 요구되는 개방적·포용적 가치와 태도로 지속 가능한 인류 공동체 발전에 적극적이고 책임감 있게 참여하는 공동체 역량

2. 실용주의를 추구하는 미국의 교육목표

실용주의를 추구하는 미국의 교육목표는 매우 구체적이라 이해하기도 쉽고 목적을 이루기 또한 쉽다. 미사여구나 부연 설명이 필요 없는 미국의 교육목표는, 첫째, 건강(Health), 둘째, 기본 학습 습득(Command of fundamental processes: Reading, Writting, Counting), 셋째, 가족 구성원의 가치(Worthy home membership), 넷째, 직업(Vocation), 다섯째, 시민의식(Citizenship), 여섯째, 여가의 가치(Worthy use of leisure), 일곱째, 윤리적 특성(Ethical character)이다(성태제, 2019).

우리나라의 교육목표와 비교해 보면, 민족, 종교, 성별, 문화, 사회·경제적 배경 등을 떠나 이념적이지 않고 구체적이어서 불필요하게 논쟁하지 않아도 된다. 홍익인간이라는 이념은 생각하는 이념에 따라 사회주의적 관점, 자유민주주의 관점에 따라 교육의 목표가 다를 수 있다. 그러나 미국의 교육목표는 태어나서 개인으로서 살아가는 데 가장 필요한 기본적인 내용을 포함하고 있으며, 어떤 시대에서나 공통으로 적용되는 내용이기 때문에 참고할 만하다. 특히 세대 변화, 사회, 문화, 경제, 정치적 변화가 빠른 현대사회에서 교육의 목표가 가장 기본적이고 쉬운 내용을 담고 있다면 이것만으로도 교육이 목적한 바를 쉽게 이룰 수 있고, 자녀들을 가르치는 데 많은 도움이 될 것이다.

제4차 산업혁명 시대의 변화, 나아가 제5차, 그리고 제6차 시대가 어떻게 변화할지는 아무도 모른다. 최근에 겪은 코로나 팬데믹 시대는 관혼상제의 미풍양속을 변화시켰고, 만나야만 할 수 있었던 일들을 만나지 않고도 할 수 있다는 것을 알게 해 주는 등 우리의 일상생활에 많은 변화를 가져다주었다. 사람과 사람이 만나지 않고도 거의 모든 일이 가능한 일상이 되었으며, 1인 가정을 인정하지 않을 수 없는 환경에 이르렀다. 더군다나 오픈 인공지능으로서 챗GPT나 제미니(Gemini) 등이 출현하여 모르는 것은 바로바로 묻고, 즉시 답을 찾을 수도 있게 되었다. 이런 변화에도 불구하고 할아버지와 할머니가 손자·손녀에게 앞으로 살아갈 지혜를 준답시고 옛날 교훈이나 속담만 늘어놓는 것이 과연 타당할까 하는 의문을 품어 본다. 자녀들조차도 부모가 옛날에 이랬다저랬다 하면 '나 때는~~ 하지 말라.'는 핀잔을 한다. 할아버지와 할머니의 손자·손녀를 위한 교육은 시대의 변화를 알아야 하기도 하지만 예측하면서 알려 주어야 한다. 이런 관점에서 미국의 교육목표는 손자·손녀를 위한 교육에 참조할 충분한 가치가 있다. 학교에서 이런 교육을 전담하여 충분히 알려 준다면 별문제가 없겠지만 지식교육을 제일 목표로 하는 우리나라의 학교교육에서 자녀들이나 손자·손녀들에게 삶의 지혜를 전해 준다거나 참된 교육을 하리라고 기대하는 것은 지나친 욕심일까!

인간 교육에 있어 지적 능력으로서 인지적 특성에 대한 교육은 학교에서 맡아 주는 것이 마땅하지만, 예의범절이나 가치관 등의 정의적 행동 특성에 대한 교육의 책임은 가정에 있으므로 이를 학교 측에 주문하는 것은 무리일 것이다. 근본적으로 학교 선생님들은 학생들의 정의적 행동 특성에 대한 교육의 책임이 학교에 있지 않다고 생각하고 있으며, 매우 조심스러워한다. 최근 들어, 학생의 인권이 강화되고 교사의 교권이 경시되는 학교 현실에 비추어 볼 때 인성교육은 가정교육에서 담당해야 한다는 부담이 더욱 커지고 있다.

원주민과 다양한 이민자, 다양한 인종, 종교, 문화를 모두 포용해야 할 미국(United States of America)의 교육목표인 일곱 가지 기본 원리는 이를 잘 반영하고 있다. 일곱 가지 원리를 다시 한번 살펴보자.

첫째, 건강이다

'건강을 잃으면 모든 것을 잃는다.'는 말이 너무도 흔하기에 중요하지 않게 생각하는 것 같다. 이 원리는 너무도 당연하고 뻔한 것이어서인지 어리거나 젊었을 때는 크게 공감하지 못한다. 인생의 경륜이 어느 정도 쌓이고 난 후 그때 가서 건강에 신경을 쓰려다 보면 늦게 되는 경우를 주변에서 자주 본다. 건강은 국민의 한 사람이기 이전에 개인으로서 자신들을 위하여 기본적으로 지켜야 할 의무이자 책무이다. 그러므로 인종, 종교, 성별, 사회적 지위 등 모든 것을 차치하고 건강을 미국 교육목표의 제1순위로 세워 둔 것은 매우 현명하다고 판단한다.

우리나라 교육에서는 지(智), 덕(德), 체(體)를 순서대로 강조하던 시대에서 요즘에 와서야 체, 덕, 지의 순서로 그 중요성을 깨닫기 시작했다. 논리적으로 접근한다고 하더라도, 아무리 똑똑한들 아프면 소용이 없다는 주장에 반론을 제기할 사람은 없을 것이다. 그러므로 손자·손녀들은 무엇을 하든, 어떤 사람이 되든 건강해야 한다. 할아버지와 할머니가 손자·손녀들을 만났을 때, "공부 잘하니?"라는 질문보다는 "건강하니?"가 앞선 질문이어야 하는 이유이다. 그리고 이어서 "행복하니?" 하고 묻는다면 그에 대한 두 가지 대답으로 손자·손녀들의 근황을 쉽게 알 수 있을 것이다.

건강하지 못한 손자·손녀들은 어떤 것도 하기 어려우며 즐겁지 않기 때문에 그들에게 운동이나 활동을 권유하는 것이 좋다. 그것이 태권도든, 축구든, 자전거든, 무용이든, 등산이든…… 무엇이든 하고 싶은 운동을 하도록 하고, 그에 대해 지원해 주는 것이 바람직하다. 로마의 부패한 사회 모습을 풍자한 시를 썼던 유베날리스도 '건전한 신체에 건전한 정신이 깃들고, 몸이 건강하면 생각도 밝고 건전해지므로 신체를 단련하는 일에 매진하면 정신도 한층 맑아진다.'고 하였다.

둘째, 3R로서 기본 학습 능력이다

미국에서 살아가기 위해서는 말하기, 쓰기, 셈하기가 가장 기본적으로 필요하므로 이를 중요한 교육목표로 설정하고 있다. 이런 능력이 없다면 기본 학습도, 취업도 아무것도 할 수 없기 때문에 이를 매우 중요시하고 있다. 이런 능력을 자연적으로 얻을 수 있는 생득적 능력이라 말할 수 있으나 학습을 하여야 하고, 노력 여부에 따라 능력의 수준에 차이가 있을 수 있다. 그러므로 손자·손녀는 교육을 통하여 기본 학습 능력을 습득하여야 한다. 모든 백성은 글을 알아야 하기 때문에 세종대왕이 한글을 창제한 것도 이런 맥락과 통한다. 평등을 추구하는 현대사회일수록 모든 인간은 그 사회에서 살아갈 수 있게 하는 읽기, 쓰기, 셈하기를 기본적으로 할 수 있어야 한다. 이를 위해서 의무교육이 이루어지고 있다.

다양한 인종으로 구성된 쿠바의 경우, 체 게바라와 카스트로가 문맹 퇴치를 위하여 15세 미만의 모든 어린이를 군대에 입대시켜 6개월간 훈련시키면서 문맹을 퇴치한 것도 기본 학습 능력을 갖추게 하려는 목적으로 이해할 수 있다. 물론 가톨릭에서 포교의 목적으로 문맹 퇴치를 하는 경우도 있었으나 어쨌든 간에 글을 읽고 쓸 수 있게 하여야 함은 교육의 매우 중요한 목적이다. 동양의 고전인 『소학』이나 『천자문』 그리고 『삼자경』 등을 보더라도 기본 학습을 강조하고 있다.

'글 잘 쓰는 자식보다는 말 잘하는 자식을 낳아라.'라는 옛 속담이 있다. 의사소통이 중요하기 때문에 이런 속담이 나온 것 같다. 그리고 경제사회에서는 셈하기를 강조한다. 유교 전통사회에서는 상업을 천하게 여겼기 때문에 계산 능력은 무시되었지만, 자본주의 경제 중심 사회에서는 이 계산 능력이 중요한 능력 중의 하나가 되었다. 말하기, 쓰기, 셈하기 능력은 가정에서 비형식적인 교육을 통하여 그리고 학교에서 형식적인 교육을 통하여 이루어진다.

유대인의 지혜가 담긴 『탈무드』에는 의외로 공부와 노력에 관한 내용이 많이 담겨 있다. 『탈무드』에 언급된 내용은 다음과 같다.

- 지식을 늘리지 않는 것 자체가 지식을 줄이고 있는 것이다.
- 배우고자 하는 학생은 부끄럼을 타서는 안 된다.
- 하루를 공부하지 않으면 이를 만회하기 위하여 이틀이 걸리고, 이틀을 공부하지 않으면 이를 만회하기 위하여 나흘이 걸린다. 1년을 공부하지 않으면 이를 만회하기 위하여 2년이 걸린다.

- 자신을 위하여 노력하지 않는다면 아무도 당신을 위해서 노력해 주지 않는다.

동양의 경우를 보더라도 '맹모삼천지교'라 하여 맹자 어머니는 맹자의 교육을 위해 세 번이나 학교를 옮길 정도였다고 한다. 또 『논어』에서는 "어진 사람이 사는 지역을 선택하여 사는 것이 지혜롭다."라고 하였다. 유교문화권인 우리나라와 중국에서는 일찍이 아동교육의 중요성을 인식하고 아동교육을 위한 다양한 책을 만들었다. 아동교육 대부분은 글자 교육(한자 교육), 문장 학습(한문 교육)과 함께 인간의 도덕과 윤리, 인간과 자연과의 조화, 사회에 대한 책임과 의무 등을 주 내용으로 삼고 있다.

『논어』 첫머리에서는 "배우고 때로 익히면 또한 즐겁지 아니한가."라고 하여 '배우고(學)' '때로 익히는 것(習)'을 인생에서 가장 중요한 행복의 조건으로 제시하였다. 『명심보감』에서도 인간답기 위해서는 배움에 힘써야 함을 강조하며 근학(勤學)을 깊이 다루고 있다. 『격몽요결』에서 이이는 잡다한 세상일에 마음을 쓰면 공부한다 해도 기초가 다져지지 않으니, 공부는 정신을 집중하여 기쁜 마음으로 하여야 한다고 하였다.

셋째, 가족 구성원의 가치다

가족의 의미와 범위가 변하고 있는 게 사실이다. 그래서 1인 가족이나 동성 가족이란 용어도 나오고 있다. 가족과 관련된 순우리말로는 '피붙이' '살붙이'라 하고, 영어에서는 'family'라 한다. family의 어원은 라틴어의 faillia로 가부장이 가족 구성원을 마음대로 할 수 있다는 의미를 지니고 있다. 사전적 정의로 가족이란 '부부를 중심으로 한, 친족관계에 있는 사람들의 집단 또는 그 구성원, 혼인, 혈연, 입양 등으로 이루어진다'고 서술하고 있다(나무위키, 2022).「민법」제779조에서는 가족의 범위를 ① 배우자, 직계혈족 및 형제자매, ② 직계혈족의 배우자, 배우자의 직계혈족 및 배우자의 형제자매, ②호의 경우에는 생계를 같이 하는 경우에 한한다고 명시하고 있다.「건강가정기본법」제3조에서는 "가족이라 함은 혼인, 혈연, 입양으로 이루어진 사회의 기본단위"를 말한다. 제7조에 가족의 가치로서 가족 구성원은 부양, 자녀 양육, 가사노동 등 가정생활의 운영에 함께 참여하여야 하고, 서로 존중하며 신뢰하여야 한다고 되어 있다.

가족의 형태를 농경사회에서는 확대가족으로서 대가족을 의미하였으며, 가족이 곧 농사를 짓기 위한 생산 단위였고, 사회조직의 기초 단위이며, 교육의 장이기도 하였다. 산업화와 근대화를 거치면서 대가족은 사회적·문화적 성격이 다른 가족 단위로 분리되어 핵가족의 형태를 띠게 되었다. 정보화되고 있는 미래 사회에는 1인 가구의 형태가 나타나고 있어 가족의 의미도 변화될 수밖에 없다고 본다. 하지만 가족의 형태가 변한다고 할지라도 인간은 혼자 태어나지 않기 때문에 설령 1인 가구가 되어 생활한다고 하여도 가족의 가치는 중요하다고 할 수 있다.

미국은 오랜 역사와 전통을 지키고 살아온 민족이라기보다 이민자들에 의하여 형성된 국가다. 그러다 보니 가족에 대한 부족한 면을 보완하려고 가족 구성원의 가치를 교육목표로 설정하지 않았나 하는 생각이 든다. 옛 어른들이 서양인들, 특히 미국인들을 상X이라고 했던 데는 어른과 아이의 구분 없이 그저 친구의 개념으로 생활하는 그들을 보고 가족의 뿌리가 없기 때문이라고 생각하였을지도 모른다. 미국에 온 이민자들도 그들 나름대로 가족을 지키고자 부단한 노력을 하고 있다. 조상이 노예로 끌려온 흑인들이라도 그들의 사회적·경제적 지위가 높아지면서 자신들의 뿌리가 어디인지 찾으려 하고, 가족의 역사를 이어가려고 노력하고 있음을 여기저기서 볼 수 있다.

넷째, 직업이다

인간으로서 기본적인 삶을 영유하기 위하여 교육목표의 하나로 직업을 열거한 것은 동양적 사고의 관점에서 보면 매우 획기적이다. 유교적 관점에서는 돈과 경제에 대한 언급은 체면을 손상하는 것으로 인식하는 경향이 있기 때문이다. 그러나 실용주의 관점에서 경제에 대한 인식은 건강 못지않게 중요하다. 기본적인 경제생활을 해 나가기 위해서는 직업을 가져야 하고, 자신에 맞는 직업을 갖기 위해서는 직업의 종류와 해야 하는 일 그리고 수입 등을 알아야 한다.

미국에서는 학생들이 직업에 대해 많은 것을 알도록 하기 위해서 중요한 교육목표로까지 설정한 것이다. 어떤 직업이 있으며, 그런 직업을 얻기 위해서는 어떤 능력을 갖추어야 하고, 그 직업은 구체적으로 어떤 일을 하고, 연봉은 어느 정도이며, 좋은 점과 나쁜 점은 무엇인지 알아야 한다는 주장이다.

우리나라에서는 농(農)·공(工)·상(商)이라 해서 농업을 중시하고 상업을 천시하는 시절도 있었다. 이후로 직업에는 귀천이 없다는 교육도 중요했겠지만, 산업화로 다양한 직업이 나타나고, 특히 경제활동이 활성화되면서 판매, 금융산업의 발전으로 직업의 위계가 옅어지고 있다. 또한 산업화와 정보화 이후 그리고 제4차 산업혁명 시대로 들어서면서 없어지는 직업과 새로 등장하는 직업들이 많아진 것도 현실이다. 그렇다면 직업을 찾기 위한 직업교육은 미래를 살아갈 아동이나 젊은이에게 매우 중요한 교육이라고 생각한다.

30년 전에 교환교수로 미국에서 1년간 체류할 때, 중학교 3학년이던 딸의 학교에서 사회 교과의 과제가 자기가 원하는 직업을 선택하고, 어떻게 생활할 것인지를 설계해 오라는 것이었다. 딸아이는 사회복지사를 하고 싶다면서 연봉이 얼마니까 집은 어떤 집에 살고, 차는 어떤 차를 몰 것이며, 외식은 한 달에 몇 번, 얼마짜리 외식을 하며, 영화나 오페라 등 문화생활을 어떻게 할 것이라는 계획을 짜고 있었다. 좀 좋은 데 살려면 차를 중고차로 사든가 하고 외식과 문화생활을 줄이든가, 여러 경우를 생각하더니 사회복지사의 수입으로는 자기가 원하는 삶을 살기 어려울 것 같다고 이야기하였다. 집이나 자동차에 대한 정보는 신문에 실린 광고를 이용하여 찾고, 계획하였던 것이다. 중학교에서 학생들에게 직업에 대한 중요성과 삶의 방법에 대하여 실제로 생각해 보도록 교육하고 있었다.

특히 제4차 산업혁명 시대로 진입하면서 직업에 대한 변화도 심할 것이고, 우리 삶의 형태도 상당한 변화가 있을 것이다. 의(衣), 식(食), 주(住)의 생활도 변화할 것이기 때문에 이에 대한 교육이 절대적으로 필요하다. 최근 인공지능의 출현으로 행정사무나 단순 반복적인 일은 로봇으로 대체되는 상황에서 미래 사회를 살아가기 위한 직업교육은 반드시 필요하다는 생각이다.

직업과 경제를 위하여 손자·손녀들에게 들려줄 이야기가 의외로 많지 않지만 다음은 자주 인용되는 말이다.

- 직업에는 귀천이 없다.
- 자신의 일을 어린 시절에 찾아낸 사람은 행복하다. 성공적인 삶을 산 사람들을 살펴보면 어릴 적부터 그 일을 좋아하고 준비해 온 사람들이다. 남보다 한발 앞서 살아가는 사람들이다.

다음은 직업과 경제력을 직접적으로 결부시킬 수는 없지만 현대사회에서 직업과 수입의 연관성은 높으므로 수입과 관련된 돈, 즉 부와 관련된 성현들의 가르침이나 명언 등이다.

- 몸의 병은 마음에서 나오고, 마음의 병은 돈으로부터 나온다.
- 상대방의 재산이 자기보다 열 배 많으면 몸을 낮추고, 백 배 많으면 두려워하며, 천 배 많으면 그의 일을 하고, 만 배 많으면 그의 노복이 된다. (사마천, 『사기』)
- 창고가 가득하면 예절을 알고(倉廩實則知禮節), 옷과 양식이 풍족하면 영욕을 알게 된다(衣食足則知榮辱). (『관자』)
- 소매가 긴 옷을 입어야 춤을 잘 추고, 자금이 풍부해야 장사를 잘한다.

- 연못이 깊어야 물고기가 생기고, 산이 깊어야 짐승이 깃들 듯 사람도 부유할 때 비로소 인의가 생긴다. (사마천)
- 돈은 최고의 하인이면서 최악의 주인이다. (베이컨)
- 돈은 제 여섯 번째 감각이다. (서머셋 모음)

다섯째, 시민의식이다

시민의식(citizenship)은 공동체 구성원으로서 개인이 갖추어야 할 자질(the quality of an individual's response to membership in a community)로 시민정신이라고도 한다. 이 의식은 사회를 구성하는 개인이 독립된 인간으로서 책임을 지고 행동해야 한다는 것이다. 각자가 자유롭고 평등한 인간으로서 자신의 생활을 향상시키려는 입장에서 발언하는 태도와 정치적으로 민주주의의 기본을 지지하는 의식을 말한다(두산백과 두피디아 terms.naver.com). 사회와 국가를 구성하는 개개인은 사회의 구성원뿐 아니라 국민의 한 사람으로 그가 속한 기관, 회사, 국가의 발전을 위한 기본 의식을 가져야 한다는 의미이다. 평등, 평화, 배려 등 예의범절이나 에티켓 등에 대한 자세 등도 시민의식의 중요한 요소가 될 수 있으며, 이러한 시민의식의 수준에 따라 기관이나 사회 그리고 국가의 수준이 평가된다고 볼 수 있다. 시민의식을 미국의 중요한 교육목표로 설정한 이유는 다양한 인종과 민족이 한데 어울려 살기 위해 기본적으로 갖추어야 할 의식을 강조하였기 때문이다.

여섯째, 여가의 가치이다

　의, 식, 주가 인간 생활의 가장 중요한 부분이라 여기던 시대를 지나 현대인들은 매우 다양한 취미를 가지고 살아간다. 잘 먹고, 잘 입고, 그리고 편히 잠잘 수 있는 집이 있고 난 다음에야 다른 생활을 하고자 하였던 부모 세대에 비해 자녀 세대들은 생활의 우선순위부터가 다르다. 기거할 집값이 터무니없이 비싸서 집 장만을 포기하는 것도 중요한 원인일 수 있지만, 젊은 세대들은 길지 않은 그들의 인생을 즐기고자 한다. 이런 가치관의 변화는 자연스러운 것이어서 바람직하지 않다고 할 수는 없다. 통칭하여 이르는 MZ세대들은 그들이 하고 싶은 취미나 오락에 많은 시간을 보낸다. 그들이 경제적으로 윤택하기 때문에 여가생활을 하고자 하는 것이 아니라 삶의 질을 높이기 위한 노력이라 보아야 한다. 예전에는 젊은이들이 자가용을 장만한다든가, 고급 식당에 간다면 집도 없는 애들이 철없이 군다며 비난하고 고생문이 열렸다고 나무라기도 했다. 그러나 이제 그런 이야기는 꼰대들이나 하는 이야기가 되어 버렸다.

　미국은 일찍이 여가에 대한 가치를 교육목표로 설정하고 어떻게 여가 시간을 보내는가에 대하여 가르쳤다. 개인의 가치관에 따라서, 거주하는 지역에 따라서, 그리고 그곳의 환경과 날씨에 따라서 그들이 즐길 수 있는 생활을 누리고, 삶의 질을 높이고자 하였다. 여가생활에는 운동도 할 수 있고, 악기를 다룰 수도 있으며, 그림을 그리거나, 스키를 타는 등 다양한 취미생활과 운동을 할 수 있게 하였다. 이런 교육으로 학생들의 야외활동(outdoor activity)을 학교에서도 가르쳐 주었고, 다양한 취미활동을 경험해 보는 학교교육 프로그램이 운영되었다. 올림픽 경기 종목으로 채택된 컴퓨터 게임도 학교에서 동아리를 만들어 권장하는 것만 보아도 여가의 가치를 교육목표로 설정할 만큼 중요하게 바라보고 있다는 것을 알 수 있다. 여가를 어떻게 보낼 것인가에 대한 교육이야말로 기본 학습 능력(3R)을 습득하는 것 못지않게 중요한 교육이기에 손자·손녀 교육에서도 강조할 부분이다.

특히 현재 할아버지와 할머니 세대는 그런 교육을 받지도 못하였고, 의, 식, 주를 해결하고 자식들을 공부시키느라 평생을 보냈기에 여가생활 경험이 부족한 것이 사실이다. 그러므로 이 부분은 손자·손녀를 교육하는 측면에서 취약하기 때문에 새로운 인식과 더불어 의식의 전환을 통해 강조하여야 할 부분이다. 예전에는 자녀들이 음악이나 미술 그리고 운동을 한다고 하면 대부분 반대하였을 것이다. 개방적인 집안을 제외하고는 모두 그러하였을 것이다. 현대사회에서는 경제적인 면을 넘어서 문화적으로 앞선 나라나 그런 집안이 보다 격조 높은 나라와 집안이 되지 않았나 하는 생각을 한다. 그런 분야의 직업을 가지고 행복한 삶을 누리고 있는 사람들이 행복하고 대접받는 사회가 되었기 때문에 여가에 대한 교육이 취미로 이어지고 취미가 직업이 되어 행복한 삶을 살기를 바란다. 다시 말해, 이웃과 주변을 행복하게 할 수 있는 여가 교육은 손자·손녀를 위한 교육에 더없이 중요하고 필요한 교육이라 하겠다.

일곱 번째, 윤리적 특성이다

윤리적 특성이란 개인의 행동을 통제하는 도덕적 기반으로서 개인마다 다른 정신적이고 윤리적인 수준을 말한다. 다시 말해서, 개인의 윤리적 특성이란 당신이 어떤 사람인가를 말해 주는 것이다. 일반적으로 좋은 사람이란 존경받는 사람, 정직한 사람, 책임감이 강한 사람, 공정한 사람, 남을 돌보는 사람이라 할 수 있다. 이들은 좋은 가치관 혹은 높은 도덕성을 지닌 사람이라고 할 수 있다. 인간이 갖추어야 할 윤리적 특성은 시대와 지역, 환경 그리고 사람마다 다를 수 있다. 바람직한 윤리적 특성에 관한 다양한 연구가 있으며, 이 연구들은 시대에 따라 다른 주장을 할 수 있다.

일반적으로 바람직한 윤리적 특성은 서양과 동양의 고전에서 찾을 수 있다. 서양에서는 소크라테스, 플라톤, 아리스토텔레스, 밀 등으로 이어지는 서양 철학자의 인간관에서, 동양에서는 공자, 맹자, 주자 등과 우리나라의 이황, 성혼, 정약용 등이 저술한 책에서 찾아볼 수 있다. 바람직한 윤리적 특성으로는 정직, 사랑과 헌신, 배려와 친절, 열정과 끈기, 집념 등을 들 수 있다.

미국의 교육목표 일곱 가지는 탈인종적, 탈문화적, 탈종교적 항목으로 인간으로서 인간의 생활을 해 나가기 위한 가장 기본적인 목표라고 할 수 있다. 이 일곱 가지를 갖추지 못하면 행복하고 바람직한 생활을 하기가 쉽지 않기 때문에 이에 대한 중요성을 손자·손녀에게 강조할 필요가 있다. 물론 이런 교육적 목표와 요소들을 전달하고 가르치기 위한 내용이나 자료가 할아버지·할머니에 따라 다를 수 있다. 그러나 접할 수 있는 자료나 경험을 가지고 손자·손녀들에게 직접적·간접적으로 경험할 수 있도록 하는 것이 바람직하다. 손자·손녀들에게 할아버지·할머니 본인들의 경험을 전한다든가 아니면 옛날이야기, 속담이나 격언 등을 들려줄 수도 있다. 또한 관련된 행동을 함으로써 손자·손녀들이 직접 보고 배울 수 있다면 더욱 바람직할 것이다. 예를 들어, 여가의 가치를 알려 주기 위해 할아버지와 할머니의 취미생활을 공유한다든가, 자전거를 같이 탄다든가, 혹은 1박 2일의 캠핑을 하면서도 건강의 중요성과 여가의 가치에 대하여 자연스럽게 이해시킬 수 있을 것이다. 자연스러운 만남을 통하여 손자·손녀들은 할아버지·할머니의 윤리적 특성도 파악하여 그들이 소화할 수 있는 수준에서 한 겹 한 겹 인성을 쌓아 바람직한 인격체로 성장할 것이다.

인위적이거나 고의적인 만남 또는 행사를 통한 형식적인 만남보다는 자연스러운 만남으로 손자·손녀들은 미국의 교육목표 일곱 가지를 할아버지·할머니를 통하여 하나씩 완성해 갈 것이다. **손자·손녀들은 할아버지·할머니의 많은 간접 경험을 통해 그들 나이에 알 수 없는 경험이나 지식을 얻게 될 것이며, 그것이 곧 그들을 성숙한 사람으로 성장시킬 것이다.** 이에 못지않게 할아버지·할머니 자신들도 더 배우고 더 새로워지는 기회를 얻게 될 것이며, 건강의 중요성을 더욱 인지함으로써 생활의 활력소가 될 것이고, 노후의 기쁨과 보람이 될 것이다.

05

격대교육을 위한 동서양의 고전

1. 지역과 시대를 초월하는 마음의 양식, 고전

고전은 당시 시대정신을 실감 나게 반영하면서도 보편적인 휴머니즘을 밑바탕에 깔고 있다. 이것이 동서양의 고전이 격대교육에 시대를 초월한 좋은 거울이 될 수 있는 이유이다. 동양의 고전 가운데 『시경』에 나오는 다음의 시구는 고전이 시대를 넘어 감동을 준다는 것을 잘 보여 준다.

> 아버지 나를 낳으시고(父兮生我)
> 어머니 나를 기르시니(母兮鞠我)
> 나를 어루만지고 나를 길러 주시며(拊我畜我)
> 나를 자라게 하고 나를 키워 주시며(長我育我)
> 나를 돌아보고 다시 나를 돌아보시며(顧我復我)
> 드나들 땐 나를 가슴에 품으시니(出入腹我)
> 그 은덕 갚고자 할진대(欲報之德)
> 하늘처럼 다함이 없도다(昊天罔極).

고전이나 전통문화에 대한 순교적 옹호나 무조건적 비판을 벗어나면 자유로운 시각으로 객관화된 고전과 전통문화를 바라볼 수 있을 것이다. 고전을 포함한 전통문화에 관한 관심이나 애정을 갖는 것은 오래된 미래(호지 저, 양희승 역, 2015)를 찾아가는 여정이 될 수 있다. '오래된 미래'라는 프리즘으로 전통문화를 바라보는 시각은 동양문화에서는 오래된 전통이다.

2. 고전 습득에서 시작되는 셰익스피어의 문학작품

셰익스피어(William Shakespeare, 1564~1616)는 잉글랜드의 스트랫퍼드 어폰 에이번(Stratford - upon - Avon)이라는 작은 마을에서 태어났다. 그는 어린 시절 스트랫퍼드 어폰 에이번의 문법학교에서 라틴어 문법 공부를 통한 고전 습득의 기회를 가질 수 있었다. 14세기에 활약한 이탈리아 시인 페트라르카(F. Petrarca, 1304~1374)는 르네상스에 대한 정의에서 고전 학문의 부흥을 강조하였다. 그는 문명부흥과 사회 개선은 고전학문의 부흥을 통해서 가능하다고 하였다. 셰익스피어 작품의 원동력도 그의 라틴어 교육과 고전 습득에서 비롯되었다고 할 수 있다.

할아버지가 손자·손녀에게 가르쳐 줄 수 있는 자료를 찾다 보면 본인들의 성장 배경으로 가문의 풍습이나 신앙과 자연스럽게 연관된다. 집안에 내려오는 가풍이나 풍습은 그 시대의 생활상에 영향을 주는 삶의 철학이나 종교적 배경에서 나오는 것이다. 고려시대에는 불교가 국교로서 생활의 바탕이 되었으나 조선시대에 들어서는 유교가 생활의 바탕이 되었고, 교육의 근간이 되었다. 개화기에 접어들면서 서양 문화의 유입과 기독교의 영향이 클 수밖에 없었다. 특히 현대문명에 과학적 접근을 하기 위해서는 기독교를 생활의 근간으로 하는 서양인들의 풍습의 영향이 컸다.

3. 동양에서 아동교육의 고전: 『예기』의 「곡례」 편

동아시아는 유교문화권에 속한다. 12세기에 유교문화를 부흥시킨 주자(朱子, 1130~1200)는 "『예기』의 「곡례」 「소의」 「내칙」 편과 『관자』의 「제자직」 편은 진실로 소학의 지류이며, 남은 자락이다."라고 하였다. 곧 『예기』와 『관자』의 여러 편은 동아시아 유교문화권에서 아동교육의 고전이라고 할 수 있다. 한국의 격대교육 문화 전통은 유교문화권의 유전자를 가지고 있다. 유교의 고전들은 전통적인 한국 가정교육의 토대를 이루어 왔다. 여기에서는 먼저 『예기』의 「곡례」 편 가운데 아동교육 내용을 살펴본다. 대부분은 예절에 관한 내용이며, 양식이나 형식에 있어서 현대 문화와는 시대적 거리감이 있다. 그러나 그 교훈적인 메시지는 여전히 아동교육에 참고할 부분이 많이 있다.

『예기』의 「곡례」 편 가운데 손자·손녀들에게 들려줄 이야기를 살펴보자.

■ 마음을 다스리는 데에는 절도와 중용이 중요하다

오만한 마음을 자라게 해서는 안 되며, 욕망을 제멋대로 부려서는 안 되고, 뜻을 자만하게 해서는 안 되며, 즐거움을 지극히 즐겨서는 안 된다.

■ 사람을 사귀는 방법과 사회생활의 지혜

어진 자는 친하게 지내는 사람에게도 공경스럽게 대하며, 두려워하는 사람에게도 사랑으로 대하고, 어떤 사람을 사랑하면서도 그의 나쁜 점을 알고, 어떤 사람을 미워하면서도 그의 좋은 점을 알며, 재물을 축적하면서도 가난한 사람들에게 베풀 줄을 알고, 편안한 바를 편안히 여기면서도 의리로 옮겨갈 줄을 안다. 재물에 임해서는 구차히 얻으려 하지 말며, 어려운 상황을 당해서는 구차히 모면하려 하지 말고, 성질을 사납게 부려 이기기를 구하지 말며, 나누어 가질 적에 더 많이 가지려 하지 말며, 의심스러운 일을 사실이라고 단정하지 말아서 자신의 소견을 정직하게 말하기만 하고 자신의 소견이 틀림없이 옳다고 강변하지 말아야 한다.

■ 사람다운 올바른 예절

예는 망령되이 남을 기쁘게 하지 않으며, 말을 허비하지 않는 것이다.

예는 절도를 넘지 않으며, 상대방을 침해하거나 업신여기지 않으며, 버릇없이 너무 가까이하는 것을 좋아하지 않는다.

자신의 몸을 수양하고 자신의 말을 실천하는 것을 '선행(善行)'이라 이르니, 행실이 닦이고 말이 도리에 부합하는 것이 예의 본질이다.

사람이 예가 있으면 편안하고 예가 없으면 위태롭다. 그러므로 '예는 배우지 않으면 안 된다.'라고 한 것이다.

무릇 예는 자신을 낮추고 남을 높이는 것이다. 비록 등짐을 지는 노동자나 물건을 파는 상인들 사이에도 반드시 상대방을 높이는 예가 있는데, 하물며 부귀한 자에 있어서랴.

부유하고 신분이 높으면서 예를 좋아할 줄 알면 교만하지 않고 넘치지 않으며, 가난하고 신분이 낮으면서 예를 좋아할 줄 알면 마음에 두려워하지 않는다.

■ 자식교육에는 부모의 솔선수범이 우선이다

어린 자식에게는 항상 속이지 않음을 보여 주어야 한다.

4. 아동교육과 격대교육에 지침이 되었던 고전

『효경(孝經)』

『효경』은 '효도(孝道)'를 주된 내용으로 다루고 있다. 『효경』의 내용 중 손자·손녀들에게 들려줄 이야기를 살펴보자.

몸과 머리털 그리고 피부는 부모로부터 물려받았으니, (자식으로서) 함부로 다치거나 상처 나지 않게 하는 것이 효도의 시작이며, 설 자리를 확실하게 하고 도리를 실행하여 후세에 이름을 떨침으로써 부모를 명예롭게 하는 것이 효도의 끝이다(身体髮膚는 受之父母하니 不敢毁傷이 孝之始也요 立身行道하고 揚名於後世하여 以顯父母 孝之終也니라).

유명한 이 구절의 함축된 의미를 다시 한번 새겨 보자.

첫째, 효는 부모로부터 물려받은 신체 모든 부분을 귀하게 여겨 본인을 잘 관리하라는 개인 보호의 의미가 있다. 내 몸을 상하게 하지 말고 잘 관리하여 건강한 후대를 잇는 것이 효의 시작이라는 뜻이다. 자신을 잘 관리하고 자자손손 대를 이어 조상으로부터 물려받은 문화와 문명을 후대에 이어야 하며, 대를 잇지 못하고 단절하는 것은 조상에 대한 최대의 불효라는 고전적 의미가 있다. 그러나 현대사회에는 그보다 **자신의 신체 관리를 철저히 하라는 의미로 해석하는 것**이 더욱 마땅하다. 그런 의미에서 규칙적인 생활과 올바른 식습관, 철저한 운동과 취미생활을 권유하는 것으로 이해하는 것이 바람직하다.

둘째, 사람은 훌륭한 일을 하여 그 이름을 세상에 떨치고 가문의 명예를 빛나게 하는 것이 더욱더 큰 효라고 보는 것이다. 이것은 문화 사회 인류 발전을 위한 중요한 메시지를 담고 있다. 출세의 길을 가고 후세에 이름을 알려 부모의 명예를 빛나게 한다는 것이 효도의 마지막이라 함은 개인과 가문의 발전뿐 아니라 사회, 문화와 인류의 발전을 지속시킬 수 있기 때문이다.

또한『효경』에서는 효를 바탕으로 집안의 질서를 세우는 일이 나라를 다스리는 일의 근본이라 할 만큼 중요시하였다. 효도야말로 천(天)·지(地)·인(人) 삼재(三才)를 통하여 모든 신분 계층에 동일하게 적용되는 최고의 덕목·윤리 규범이라는 것을 강조하고 있다. 현대적 의미로는 **자신의 관리를 철저히 하여 인류 발전에 공헌하는 것을 삶의 최고 가치로 해석하는 것이 바람직하다**고 할 수 있다.

『천자문(千字文)』

『천자문』은 사언절구 한시(漢詩)이자 대표적으로 한문을 익힐 수 있는 교본이다.

대대로 한국에서는 한자를 처음 배우는 입문자들, 특히 아동들의 교재로 사랑을 받아 왔다. 천 년이 지난 지금도 한자 교재라면『천자문』을 떠올릴 정도로 대중성이 있으며, 한자를 처음 배우는 이들이 꼭 배워야 할 내용으로 인정받았다.『순조실록』에는 영의정 김재찬이 당시 왕세자였던 효명세자에게 "『천자문』이 경사나 의리에 관한 글은 아니지만 앞으로 공부할 것은 다 천자문을 바탕으로 하여야 하는데 이것도 안 배우시려고 하면 참 곤란합니다." 하고 아뢰는 부분이 있을 정도이다. 왕실에서 지방의 서당에 이르기까지 학문을 좀 배워 보겠다 하는 사람은 한 번쯤 꼭 짚고 넘어가야 할 기본 중의 기본이었던 책이다.

『삼자경(三字經)』

『삼자경』은 중국에서 아동들에게 한자를 가르치는 데 쓰던 교재이다. '세 글자로 된 책'이라는 제목처럼 모든 구절이 세 글자로 되어 있는 것이 특징이다. 저자와 지어진 시기는 확실하지 않지만 송나라 말기나 원나라 초기에 왕응린(王應麟, 1223~1296)이 지었다는 설이 일반적이다. 『백가성』 그리고 『천자문』과 더불어 '삼·백·천(三百千)'이라 불리던 대표적 한자 학습서였다.

『삼자경』은 배움의 필요성에 대하여 강조하고, 유교의 도덕과 윤리를 열거하였으며, 한문 고전의 간단한 해설과 중국의 역사, 민속, 지리, 자연과 우주에 대한 지식 등 다양한 주제를 담고 있다. 애초에 아동을 위해 지은 교재가 아닌 『천자문』과 비교할 때, 『삼자경』은 쉬운 글자로 쓴 일상적이고 소박한 문장들로 되어 있으며, 다루는 내용과 요구되는 배경지식에 있어서도 글을 처음 배우는 사람에게 훨씬 쉬운 교재로 평가된다.

『소학(小學)』

『소학』은 8세 안팎의 아동 또는 유교 입문자에게 초보적인 유교 학문을 가르치기 위하여 만든 수신서(修身書)로서, 현대로 이야기하자면 유치원생이나 초등학생을 위한 교과서로 볼 수 있다. 송나라의 대학자 주자의 제자 유자징이 주자의 지시에 따라 편찬한 책으로, 『논어』 『맹자』 『예기』 등 여러 유학 경전에서 중요한 내용을 골라 편집하였다.

　내용은 일상생활의 예절, 정신 수양을 위한 격언, 충신과 효자의 사적 등을 모아 놓았다. 「내편」과 「외편」으로 나뉘고 「내편」은 '입교' '명륜' '경신' '계고'로 구성되어 있으며, 「외편」은 '가신' '선행'으로 구성되어 있다. 『소학』의 목적은 공부하기 위한 근본을 기르고 아는 것과 행함을 지속적으로 지켜 삶의 기본을 갖춘 어른이 되게 하고자 하는 데 있다.

『명심보감(明心寶鑑)』

　『명심보감』은 한자 그대로 보배를 거울삼아 마음을 밝게 하라는 뜻을 지닌다. 『명심보감』은 고려 충렬왕 때 예문관 대제학을 지낸 추적이 1305년에 공자를 비롯한 선현들의 금언과 책들의 명구를 인용한 것이다. 『명심보감』은 19편으로 이루어져 있으며, 유(儒), 불(佛), 선(仙)의 복합된 사상을 모두 포함하여 편찬한 책으로 초학 입문용 교재로 꼽힌다.

　간결한 문장 안에 담긴 선인들의 지혜로운 말과 글은 인격을 수양하는 데 도움이 되고, 인생의 잠언으로 두고두고 읽을 가치가 있다. 여러 세대에 걸쳐 축적된 현인들의 지혜는 유교, 불교, 도교 등의 내용을 아우르고 있어 전통적인 동양 사상의 진면목을 보여 준다. 어느 한편의 사상에 치우치지 않고 인간의 보편적인 윤리와 도덕을 강조하고, 인간 본연의 착한 심성을 강조하며, 분수를 지켜 만족할 줄 아는 지족(知足)과 겸손과 양보의 덕성을 가져야 한다는 가르침은 세상을 다스리기 위한 수양서이자 세상사의 어려움을 해결하기 위한 교훈서이다.

『격몽요결(擊蒙要訣)』

『격몽요결』은 577년(선조 10년)에 율곡 이이가 제자들을 가르치면서 만든 책이다. '격몽'은 어리석고 사리에 어두워 따르지 않은 자를 깨우치게 하거나 징벌한다는 뜻으로 아동에게 가르친다는 것이고, '요결'은 중요한 비결이라는 뜻이다. 1627년(인조 5년)에는 세자의 교육을 위한 교재의 하나로 채택하였으며, 1629년(인조 7년)에는 『격몽요결』을 수백 권 인쇄하여 전국적으로 보급하였다. 1918년 조선총독부 훈령으로 서당 규칙을 발표하면서 서당의 교재로 채택되기도 하였다. 『격몽요결』이 초학의 교재로 채택되는 이유는 유학의 핵심 내용을 잘 다루고 있고, 이해하기 쉽게 쓰였기 때문이다. 총 10장으로 구성되어 있다. **초학자의 공부에서 가장 중요한 것은 지식을 습득하는 것보다는 뜻을 세우고, 태도를 바르게 하는 것이라고 하였다.**

사람이 살아가는 데 학문이 아니고서는 올바른 사람이 될 수 없는데, 학문이란 것이 별난 것이 아니라고 하였다. 아비 된 자는 자식을 사랑할 것, 자식 된 자는 부모에게 효도할 것, 신하는 임금에게 충성할 것, 부부간에는 분별이 있어야 할 것, 형제간에는 우애가 있어야 할 것, 나이 어린 사람은 어른에게 공손해야 할 것, 친구 간에는 믿음이 있어야 할 것이니 날마다 행하는 행동이 마땅히 그리 해야 한다고 주장하였다. 또한 처음 학문을 하는 사람은 반드시 맨 처음부터 뜻을 세워야 하며, 그렇게 해서 본인도 성인이 된다는 마음을 먹어야 한다는 의미이다.

이이는 공부함에 있어 입지(立志)를 세워서 스스로 뜻을 세우고 노력하여야 한다고 강조한다. 입지에서 지(志)는 이상적인 기준으로서 성인을 의미하며, 목표 지향적 의식으로 학문적 지향과 태도를 정립하여야 함을 의미하며, 지식과 행동이 같아야 함을 강조한다.

사람이 성인이 되지 못하는 것은 뜻을 세우지 않고, 아는 것이 분명하지 않으며, 행실이 착실하지 못하기 때문으로, 모든 것이 자신에게 달려 있다고 하였다. 사람의 용모가 잘생기지 않은 것을 잘생기게 할 수 없고, 약한 힘을 강하게 할 수 없으며, 키가 작은 것을 크게 할 수 없다. 그러나 마음과 뜻은 어리석은 것을 바꾸어 어질고 지혜롭게 할 수 있다. 사람들은 스스로 뜻을 세웠다고 하면서도 공부하지 않고 미적거리고 후일을 기다리는 것은 학문을 하려는 정성이 부족하기 때문이다.

『격몽요결』에서는 올바른 습관을 정착시키기 위해서는 나쁜 습관을 없애야 한다고 한다. 바른 습관을 정착시키는 일은 반복해서 실행하여야 하므로 상당한 시간이 걸리지만, 나쁜 습관을 없애는 일은 강한 의지를 가지고 단호하게 결단을 내리는 것이 필요하다.

『격몽요결』의 내용 중 손자·손녀들에게 들려줄 이야기를 살펴보자.

■ 고쳐야 할 잘못된 습관 – 혁구습(革舊習)

사람이 비록 학문에 뜻이 있어도 용맹스럽게 앞으로 나아가 성취할 수 없음은 옛 습관이 방해함이 있어서이다. 다음에 열거한 옛 습관 조목들의 뜻을 가다듬어 확실히 끊어 버리지 못한다면, 끝내 발전할 바탕이 없는 것이다.

- 뜻을 게을리하고 그 몸가짐을 함부로 하고, 다만 편히 지낼 것만 생각하고 구속되기를 몹시 싫어하는 것
- 항상 돌아다닐 생각만 하고 조용히 안정하지 못하며, 분주히 드나들며 떠들면서 세월을 보내는 것
- 같은 것은 즐기고 다른 것은 미워하여, 속된 데로 빠져들었다가 좀 신칙해 보자니 무리와 어긋날까 두려워지는 것
- 글을 꾸미기를 좋아하여 세상에서 칭찬받기를 좋아하며, 경전의 글을 따다 문장을 화려하게 꾸미는 것
- 편지글을 짓고, 거문고 타고, 술 마시는 것을 일삼으며, 일없이 세월을 보내면서도 스스로는 깨끗한 운치라 여기는 것
- 한가한 사람들을 모아 놓고 바둑이나 장기 두기를 즐기며 종일토록 배불리 먹을 것을 다투는 데만 쓰는 것
- 부귀를 부러워하고 빈천을 싫어하여 허름한 옷 입고, 평범한 음식을 수치스럽게 여기는 것
- 기욕(嗜慾, 좋아하고 즐기려는 욕심)을 절제하지 못하여 금전의 이익과 노래와 노는 것을 꿀맛처럼 달게 여기는 것

■ 몸과 마음을 가다듬는 데에 가장 절실한 9가지 – 구용(九容)

- 발걸음은 무겁게 한다(足容重).
- 손은 공손히 한다(手容恭).

- 눈은 단정히 뜬다(目容端).

- 입은 다물고 있는다(口容止).

- 목소리는 조용히 한다(聲容靜).

- 머리 모양은 곧게 한다(頭容直).

- 숨을 쉬는 모양은 엄숙하게 한다(氣容肅).

- 서 있는 모양은 덕이 있어야 한다(立容德).

- 얼굴 모양은 씩씩하게 하여야 한다(色容莊).

■ 학문을 진취시키고 지혜를 더하는 데 절실한 9가지 - 구사(九思)

- 사물을 볼 때는 분명하게 볼 것(視思明)

- 남의 이야기를 들을 때는 집중할 것(聽思聰)

- 안색은 온화하게 할 것(色思溫)

- 모습은 공손히 할 것(貌思恭)

- 말할 때는 진실되게 할 것(言思忠)

- 일하는 데는 진지하게 할 것(事思敬)

- 의문이 있을 때는 묻기를 주저하지 말 것(疑思問)

- 화가 날 때는 뒤탈을 생각할 것(忿思難)

- 이득을 얻으면 올바른 것인지를 생각할 것(見得思義)

5. 서양의 고전

『탈무드(Talmud)』

서기 70년에 예루살렘의 성전이 파괴되어 유대인들은 팔레스타인을 떠나 로마제국 내 여러 곳으로 흩어졌다. 더 이상 예배를 볼 수 없었던 유대인들의 정체성을 찾기 위해 랍비(율법학자), 아키바(Akiba)가 여러 랍비의 가르침을 정리하기 시작하였다. 2세기 말경 당시 이스라엘 유대인 공동체장이었던 유다 하나시(Judah ha - Nasi)가 랍비들을 여러 차례 불러 모아 구전되어 오던 율법을 체계적으로 작성하여 완성한 문서집이 『미슈나』(Mishna; 반복하다는 뜻)이다. 랍비 유대교 전통은 이 『미슈나』를 기초로 발전하였으며, 『미슈나』에 기록한 내용을 각각 시대에 맞도록 재해석하는 방법으로 진행되었다.

이후 3~5세기에 걸친 랍비들의 『미슈나』에 대한 주석이나 해설을 게마라(Gemara, '마침'이라는 뜻인데 전통적인 가르침을 암기하며 배운다는 뜻)라고 한다. 『미슈나』 본문과 게마라 주석을 합본한 문헌이 바로 『탈무드(Talmud)』이다. 『탈무드』는 5세기 초에 만들어진 『팔레스티나 탈무드』와 7세기 초엽의 『바빌로니아 탈무드』가 있으며, 히브리어 성경과 더불어 유다이즘의 핵심을 이해하는 데 중요한 문헌이다. 약 300만이 넘는 단어로 구성된 방대한 분량이다.

『미슈나』는 세데르, 마세켓 이름, 장 번호, 마쉬나 번호로 구성되어 있다. '마쉬나'는 책 이름이면서 가장 작은 단위인 문단을 나타낸다. 여섯 개의 세데르는 제라임('씨앗들')으로 농업 관련 법과 기도문들,

모에드('명절')로서 안식일과 명절에 관한 법들, 나쉼('여자들')으로 결혼과 이혼에 대하여, 네지킨('손상')으로 민사와 형사법, 코다쉼('거룩한 것들')으로 먹는 것을 판단하는 법, 토호롯('정결법')으로 정결함과 부정함에 대한 법과 죽은 자와 사제의 정결 예법 등을 다루고 있다.

『탈무드』는 성경과는 달리 로마제국 지배하에 있던 이스라엘의 랍비들에 의하여 민족 대대로 내려오는 율법과 가르침을 중심으로 하였다. 『탈무드』는 그리스도교로부터 분리된 이후 나온 책으로 예수에 대한 부정적 이야기도 나오기 때문에 그리스도나 무슬림 교도들에게 공개하는 것을 꺼리기도 하였으나 시간이 지나면서 외국어로 번역된 책이 많이 출간되었다.

『탈무드』가 우리나라에 알려진 것은 군종장교로 일본에 왔다가 체류한 미국인 랍비 마빈 토케이어에 의해 일본어로 편역한 우화 책이 전해지면서이다. 1980년대 마빈 토케이어가 쓴 책이 한글로 여러 권 번역되면서 널리 알려졌다. 『탈무드』의 굴뚝 청소부나 여우의 우화, 금고 열쇠 이야기, 샴쌍둥이 이야기가 알려져 있으나 유대인들이 일상생활에서 지켜야 할 각종 율법도 수록되어 있고, 유대 사회에서 실제 판례를 수록하여 일반인에게 법전의 역할을 하기도 한다.

『탈무드』의 내용 중 손자·손녀들에게 들려줄 이야기를 살펴보자.

■ 『탈무드』의 인간관

- 인간은 심장 가까이에 유방이 있다. 동물은 심장에서 먼 곳에 유방이 있다. 이것은 하느님의 깊은 배려이다.
- 인간은 20년 동안이나 걸려 깨달은 것을 2년 동안에 잊어버릴 수

있다.

- 사람은 세 개의 이름을 갖는다. 태어날 때 부모가 붙여 준 이름, 친구들이 우애의 정으로 부르는 이름, 그리고 그의 생애가 끝나기까지 얻은 명성이다.

- 한 사람을 죽인다면 그것은 모든 인류를 죽인 것과 같다. 한 사람의 생명을 구한다면 인류의 운명을 구한 것과 같다. 왜냐하면 세계는 한 사람의 인간에 의해 시작되었으며, 최초의 인간이 죽었다면 오늘의 인류는 존재하지 않았기 때문이다.

- 강한 사람이란 자신을 억제할 수 있는 사람이다.

- 강한 사람이란 적을 친구로 변하게 만들 수 있는 사람이다.

- 남을 칭찬할 줄 아는 사람이야말로 진정 가장 칭찬받을 만한 사람이다.

- 유대인이 사람을 평가하는 3가지 기준은 돈을 어떻게 쓰는가, 술을 어떻게 마시는가, 참을성이 강한가이다.

■ 인간의 네 가지 유형

- 내 것이 내 것이고 네 것은 네 것이라는 인간(일반인)
- 내 것은 네 것이고 네 것은 내 것이라는 인간(색다른 타입)
- 내 것은 네 것이고 네 것도 네 것이라는 인간(좋은 사람)
- 내 것은 내 것이고 네 것도 내 것이라는 인간(나쁜 사람)

■ 인간의 세 가지 유형

- 스펀지형: 무엇이든 흡수한다.

- 터널형: 오른쪽 귀로 듣고 왼쪽 귀로 흘려 버린다.
- 체형: 중요한 것과 그렇지 않은 것을 선별한다.

■ 현자가 되는 일곱 가지 조건

- 자기보다 현명한 사람이 있을 때는 침묵한다.
- 남이 이야기할 때 중간에서 막지 않는다.
- 대답할 때 당황하지 않는다.
- 핵심을 질문하고 긴요한 것을 대답한다.
- 우선하지 않으면 안 되는 것부터 손을 대고 나중에 해도 되는 것은 나중에 한다.
- 자기가 알지 못할 때는 그것을 인정한다.
- 진실을 받아들인다.

■ 인생

- 여우는 포도밭이 철망으로 둘러싸여 있고 구멍이 작아서 들어갈 수 없었다. 3일을 굶은 후 여우는 몸의 살을 뺀 다음에 포도밭에 들어가서 포도를 배불리 먹었다. 그러나 다시 나오려고 하였지만 나올 수 없었다. 여우는 하는 수 없이 다시 3일을 굶고서야 나올 수 있었다. 그래서 여우의 배는 결국 들어갈 때나 나올 때나 똑같게 되었음을 깨달았다.
- 사람은 죽어서 가족, 부, 선행 세 가지를 이 세상에 남긴다. 선행 이외인 것을 남겨두려 해서는 안 된다.
- 인간은 상황에 의해 명예가 높아지는 것이 아니라, 인간이 그 상황

의 명예를 높이는 것이다.

■ 인간관계
- 상대방의 입장에 서지 않고서 남을 판단하지 말라.
- 자신의 결점을 걱정하는 사람은 남의 결점을 보지 않는다.

유학의 초학 교재, 탈무드 등을 볼 때 할아버지·할머니로서 손자·손녀에 가르쳐야 할 내용은 무한하다. 그 내용을 취사선택함에 있어서도 할아버지·할머니의 사회적·경제적·문화적 배경과 인생 경험에 따라서 많은 차이가 있을 수 있다. 같은 내용이라 할지라도 어떻게 손자·손녀에게 전해 주느냐에 따라서 차이가 있을 수 있다. 지금까지 정리한 내용을 살펴보면 경전이나 고전은 아동을 그 시대의 도덕적·윤리적 관점 또는 제도나 풍습을 유지하기 위한 훈육으로, 규율에 순응시키고자 하는 경향이 짙다 할 수 있다. 규율과 제도에 순응시키는 교육이 얼마나 인간 개인의 개성과 창의성 등 그들만의 특성을 길러 줄 수 있을까 하는 염려가 없지 않다. 예를 들어, 유학에서 강조하는 '충(忠)'과 '효(孝)'를 어느 수준에서 현대사회에 조화롭게 가르칠 수 있는가는 우리 각자가 결정하여야 할 과제이다. 특히 '충'과 관련된 개념은 왕정의 전제국가 시대에서 요구한 덕목이었으나 21세기 자유민주주의 국가에서 필요한 충의 개념은 완전히 다를 수밖에 없다. '효'와 관련된 개념도 역시 발전적으로 승화되지 않은 개념을 전수한다면 손자·손녀 교육에서 오히려 장애가 될 것이다. 일단 효도의 정의 자체가 달라지고 있다. 이와 관련된 논의와 결론은

독자에게 위임한다. 유교에서 중요시하였던 '충'과 '효', 그리고 여성에 대한 폐쇄적 관습에 관한 내용을 벗어난다면 학문을 대하는 자세, 일상생활에서의 태도, 타인과 이웃에 대한 배려 등에 관한 내용은 참고할 가치가 크다.

이 책에서는 시대적 변화에 따른 윤리와 도덕적 관점에서의 충·효의 덕목보다는 보편적인 관점에서 앞으로 세계시민으로 살아갈 손자·손녀들에게 필요한 것과 제4차 산업혁명과 인공지능 시대를 주도할 수 있는 역량을 갖추는 데 도움이 될 만한 조언을 찾아보는 것이 좋을 것이다. 고전과 고서의 조언을 통해 손자·손녀의 삶에 도움을 주는 것이 할아버지·할머니의 역할이 아닐까. **할아버지·할머니들의 지나친 개인적 경험에 의한 조언은 손자·손녀들의 성장·발달을 편향적으로 이끌 수 있으므로 부디 그들에게 미래 지향적인 내용을 전해 주기를 바란다.**

06
할아버지 · 할머니의 자세와 요즘 세대

그대의 아이들은 그대들의 것이 아닙니다.

아이들은 스스로의 삶을 동경하는 생명의 아들이요, 딸입니다.

아이들은 그대를 통하여 나왔지만 그대로부터 온 것은 아닙니다.

아이들은 그대와 함께 있지만 그대의 것이 아닙니다.

그대는 아이들에게 사랑을 줄 수는 있지만 생각을 줄 수는 없습니다.

아이들은 아이들 자신의 생각이 있기 때문입니다.

그대는 아이들에게 육신의 집을 줄 수는 있지만 영혼의 집까지 주려 하지 마십시오.

아이들의 영혼은 내일의 집에 살고 있기 때문입니다.

그대는 그곳을 꿈에라도 찾아갈 수 없습니다.

그대가 그들을 닮으려 하는 것은 괜찮습니다. 하지만 그들이 그대를 닮게 하지는 마십시오.

삶은 뒷걸음치지 않으며 어제와 함께 머뭇거리지도 않기 때문입니다.

그대는 활이며, 그대의 아이들은 거기서 떠나보내는 살아 있는 화살입니다.

궁수인 신은 영원한 공간의 오솔길에 있는 과녁을 바라봅니다.

그는 그의 화살들이 빠르게 멀리 날아갈 수 있게 전능한 힘으로 그대를 잡아당길 것입니다.

활이 되어 신의 손에 당겨지는 것을 기뻐하십시오.

신은 날아가는 화살을 사랑하는 만큼, 흔들림 없는 견고한 활도 사랑할 것입니다.

— 칼릴 지브란(Kahlil Gibran, 1883〜1931)의 글, 「아이들」

1. 손자 · 손녀를 대하는 할아버지 · 할머니의 자세

지식교육이 아닌 정의적 행동 특성에 대한 교육에는 고려할 점이 한둘이 아니다. 다른 환경에서 성장해서 결혼하여 아이를 낳은 부모조차 가치관과 생활 습관이 달라 자식들에 대한 양육이나 교육 방법, 그리고 내용이 다를 수 있다. 그들이 살아온 배경과 환경이 같지 않으므로 상의를 통해서 자녀들을 양육할 수밖에 없다. 하물며 두 세대 앞선 경험을 한 할아버지 · 할머니들이 섣불리 손자 · 손녀를 훌륭한 사람으로 만들겠다는 과욕을 부리는 순간 격대교육은 덕보다는 해가 될 수 있다. 이런 의미에서 할아버지 · 할머니는 어떠한 자세로 손자 · 손녀를 대해야 할지를 정리해 본다.

- 할아버지 · 할머니는 손자 · 손녀의 부모가 아님을 명심해야 한다. 첫 손자 · 손녀를 보는 순간 자식에게 해 주지 못한 미안함과 손자 · 손녀 사랑이 넘쳐서 일정 선을 넘게 되면 부모들과 부딪

힐 수 있다. 그러므로 부모가 있고, 그다음이 할아버지·할머니임을 명심하여야 한다.

- 지나친 사랑이나 간섭은 금물이다. 너무도 사랑한 나머지 손자·손녀들 자신이 할 수 있는 일들을 다 해 준다든지, 무슨 요청이든 다 들어준다면 이는 손자·손녀의 삶을 망치는 결과를 낳을 수 있다. 그러므로 한 걸음 뒤에서 좀 멀리 떨어져서 그들의 부모가 먼저 행한 후에 도움을 주든가 간여하는 것이 바람직하다.

- 손자·손녀들이 무엇을 하기 원하고 좋아하는지를 제삼자적 입장에서 살펴야 한다. 한 걸음 뒤에서 한 박자 늦게 손자·손녀들이 무엇을 원하고, 무엇이 문제인지 객관적 입장에서 판단하고 도와주어야 한다. 손자·손녀들이 무엇을 원하기 전에 할아버지·할머니가 먼저 원하는 방향으로 끌고 가서는 안 된다. 어떤 음식을 먹든, 어느 곳을 가든, 어떤 활동을 하든 그들이 원하는 것에 대한 제2의 지원자 정도로 인식하고 한 걸음 뒤에서, 한 박자 늦게 행하여야 한다.

- 손자·손녀의 양육이나 장래 문제 등에 대하여 제1순위는 손자·손녀 본인들, 제2순위는 부모들, 그리고 할아버지·할머니는 제3순위임을 바로 알아야 한다. 조언이나 의견을 제시할 수는 있어도 주장하거나 강요하지는 말아야 한다. 이때 인생 경험을 통하여 조언해 주는 것이 좋다.

- 가능하면 물적 지원을 충분히 해 주면 좋다. 그렇다고 가진 재산으로 무한히 지원하라는 이야기는 아니다. 지금까지 살아온 생활의 지혜를 바탕으로 필요한 부분에 대해서는 다소 과하다 할

정도로 지원을 해 주는 것이 바람직하다. 자식이나 며느리 혹은 딸이나 사위는 부모나 장인·장모의 경제적 형편을 알기 때문에 그들이 예측하는 정도의 수준보다 좀 더 많이 지원해 주면 그 효과는 클 수 있다. 만약에 불필요하다고 판단하거나 옳지 않다고 판단되는 부분이 있다면 냉정하게 대할 필요가 있다. 쉽지 않은 일이나 어떤 부탁도 모두 들어주는 할아버지·할머니가 아니라는 것을 손자·손녀들이나 자식과 며느리 그리고 딸과 사위가 인식하게 해 줄 필요가 있다.

• 할아버지·할머니가 중복으로나 경쟁적으로 손자·손녀들에게 조언하거나 지원하지 않는 것이 좋다. 역할 분담이 바람직하다. 손자·손녀들이 아무리 어려도 할아버지·할머니가 손자·손녀를 대하는 데 차이가 있어 할아버지에게는 이런 부탁을, 할머니에게는 저런 부탁을 하는 게 유리한지를 알고 있다고 보아야 한다. 모른다고 생각하면 오산일 경우가 있다.

• 손자·손녀들이 어려운 문제에 부딪혔을 때 그들이 스스로 해결책을 찾게 하는 할아버지·할머니가 되도록 노력하여야 한다. 그들이 도움이 필요하여 요청할 때 도와주는 게 바람직하다. 아동이라 해도 할아버지·할머니가 어떻게 자기를 대하는지를 나름대로 생각하고 있다. 부모에게 야단을 맞았다든가 아니면 부모에게 하기 어려운 이야기나 부탁이 있을 때 할아버지나 할머니가 생각날 수 있도록 평소에 손자·손녀와 관계를 유지하여야 한다. 손자·손녀들이 그들을 사랑하는 할아버지와 할머니가 도와준다는 믿음을 항시 갖게 하는 것이 필요하다.

- 손자·손녀에게 무엇을 바라지 말아야 한다. 내가 어릴 때 그토록 키워 주고 사랑해 주었는데 초등학교 4학년이 되더니 그 후로는 연락 한 번이 없다고 섭섭해하는 경우를 볼 수 있다. 그렇게 느낄 필요가 없다. 손자·손녀가 훌륭한 사람이 되려고 바쁘게 지내는 것으로 이해하고 더없는 사랑을 주는 것이 바람직하다. 그러면 고마워서 할아버지와 할머니에게 인사도 하고 찾아올 수도 있다. 그러나 이조차도 기대하지 않는 것이 좋다. 그저 건강하고 행복하게 자라면서 좋은 사람이 되면 좋겠다는 기도가 가장 바람직하다.

- 손자·손녀에게 베푼 것을 공치사하지 말아야 한다. 무엇을 사주었다느니, 학자금을 대 주었다느니 등의 말은 다 알고 있는 사실이어서 감사한 마음을 지녔다 하더라도 소문이 심해지면 반감을 살 수 있다. 특히 고맙게 생각하고 있는 그들의 부모들이 그런 공치사를 직접적으로나 간접적으로 자주 듣게 된다면 행복하게 느끼지 않을 것이다. 왼손이 한 것을 오른손이 모르게 하라는 이야기이다. 자손들에게 베푼 것은 그들을 통해서 내가 기쁘고 흐뭇함을 느끼면 그것으로 충분한 대가가 되기에 소문을 내지 않는 것이 좋다.

- 손자·손녀 교육과 관련하여 그들의 부모를 비방하거나 특히 손자·손녀 앞에서 부모를 꾸중하지 말아야 한다. 왜 그 학원에 보내느냐, 애들을 버릇없게 키운다 등의 비난을 하지 말아야 한다. 손자·손녀의 행복은 어차피 부모의 몫이기 때문에 부모가 책임지고 해야 할 일들이다. 할아버지·할머니한테 야단맞거나 논쟁

을 벌이는 부모를 보는 손자·손녀도 행복하지 않을 것이고, 오히려 불편함을 느끼므로 그런 행위는 절대로 하지 말아야 한다. 행복하지 않음과 불편함을 느끼는 할아버지·할머니들과 자주 만나려 하는 손자·손녀는 없을 것이다.

• 친손자·손녀와 외손자·손녀에 차별을 두어서는 안 된다. 자손을 대하는 자세에서 친손자와 외손자일 경우에 차이가 있다는 할아버지·할머니도 보았다. 유교적 풍습에서 가문의 유지·발전을 위한 시대적 소명이 높았을 때는 친손과 외손에 대한 차이가 있을 수 있고, 손자와 손녀에 대한 자세마저도 다를 수 있었다. 옛말에 '외손을 좋아하느니 호박 덩어리를 좋아하라.'라는 말이나 '그래도 친손자다.'라는 말이 있었다. 그러나 현대사회로 진입하면서 다출산이 아니라 한두 명의 자식을 갖는 경향에 비추어 보면 그런 차이는 거의 없어졌다고 할 수 있으며, 오히려 모계 중심으로 가는 경향마저 보인다. 말하자면 친가보다는 외가 쪽으로 더 가까운 경향을 보이는 가정이 늘어나는 추세이다.

• 사돈을 배려하는 것이 바람직하다. 일반적으로 손자·손녀들이 외할아버지·외할머니와 가까운 경향이 높아지고 있다. 이는 출산과 돌봄 그리고 양육을 아무래도 여성들이 맡아서 하므로 엄마와 딸의 유대가 높아질 수밖에 없는 것 같다. 그러므로 외할아버지와 외할머니가 손자·손녀들과 자주 만나게 된다. 그렇게 되면서 상대적으로 손자·손녀들이 할아버지·할머니와 만나는 경우가 줄어들게 된다. 이런 경우, 외할아버지와 외할머니는 손자·손녀들이 할아버지·할머니를 만나도록 권유해 주며 명절

이나 주말에 양보하는 것도 미덕이 될 수 있다.

• 손자·손녀들 앞에서 사돈에 관한 이야기는 삼가는 것이 좋다. 아이들이 처음에는 할아버지와 할머니 그리고 외할아버지와 외할머니를 구분하지 못하다가 아빠 이름과 엄마 이름을 알고 성이 다름을 알게 되면서 할아버지와 외할아버지를 할머니와 외할머니를 구분하게 된다. 그리고 그들은 친할아버지와 외할아버지를 친할머니와 외할머니를 구분하려고 할아버지를 친할아버지 그리고 할머니를 친할머니라 부른다. 사실 친할아버지나 친할머니란 단어가 없고 그냥 할아버지와 할머니인데도 말이다. 그러므로 손자·손녀들이 듣는 데서 사돈의 가정 이야기나 개인사 등에 관한 내용을 말하지 않은 것이 바람직하다.

• 손자·손녀들과 공감하고 문화를 이해하려고 노력하여야 한다. 손자·손녀들 뒤에는 든든한 할아버지와 할머니가 있고 무한히 사랑하고 있다는 생각을 갖도록 하기 위해서는 손자·손녀들을 가능한 한 많이 이해하고 그들에게 어떤 도움을 줄 수 있을지 항시 살펴보며 소통하고 공감하도록 하여야 한다. 손자·손녀들과 공감한다는 것이 매우 중요하다. 손자·손녀들이 성장할수록 사고의 폭이 넓어지고 높아지기에 그들과 대화를 통해서 서로의 생각을 교환하고 때로는 젊은 세대들의 사고와 가치관, 나아가서 생활 태도 등에 대한 이해를 높여야 한다. 경우에 따라서는 그들이 즐기고 있는 게임이나 유튜브 프로그램 혹은 노래와 춤 등에 대해서도 알 필요가 있다. 노인들이기 때문에 너희와는 다르다는 고정관념보다는 아이들이 하는 일들을 경험해 보는 것

도 손자·손녀를 이해할 기회가 될 것이다.

2. 우리의 손자·손녀들은 어떤 사람인가

20년 전 이야기이다. 명절인 추석 차례를 지내고 나서 식사하면서 고등학생인 조카에게 "너희 세대에 가서는 명절을 어떻게 보내고 제사를 어떻게 지낼 것 같니?"라고 물었다. "큰아버지, 요새는 추석이 연휴가 돼서 많은 사람이 해외로 여행을 가요."라는 답이 돌아왔다. 그리고 차례상에는 피자와 치킨이 올라갈 것이라면서 '어동육서'보다는 '피동치서'라 한다고 한다. 듣고 보니 이해가 바로 되어 공감하였다. 세대의 변화에 따른 그들의 사고와 생활양식을 이해하고 공감하여야 의사소통이 된다. 초등학교 4학년인 손자와 2학년인 손녀를 보면, 조카와도 매우 다르다. 무엇을 물어봐도 관심이 없으며 '시시하다' 답하고, 어른이 되어서 어떤 사람이 되고 싶으냐고 물으면 '대답이 없다'. 여러 번 물으면 '모른다'고 답한다. 음식점에 가면 키오스크 화면을 손가락으로 휙휙 훑으면서 할아버지를 대신하여 주문을 한다. 우리 자식들은 커서 판사, 교수, 의사, 장군, 소방관, 간호사가 되고 싶다고 서슴없이 대답했는데 이들은 대답하지 않는다.

격대교육의 대상은 일반적으로 유치원과 초등학생 그리고 중·고등학생일 것이다. 중학생만 되어도 학교생활이나 학원 다니느라 할아버지·할머니를 만날 기회가 쉽지 않다. 유치원생과 초등학생들을 격대교육의 대상으로 국한한다면 이들은 2010년 이후에 태어난 아이들이다. 이들을 통칭하여 알파세대라 하고 디지털 원주민(digital natives)이라 한다(Prensky, 2001). 디지털 세대 중에서도 초디지털 중심 세대이며, 아이패드가 출시되면서 태어난 세대로 이에 익숙하기에 아이패드 세대라고도 한다.

이들은 철저하게 자기중심적으로 생각하고 생활하며, 필요한 정보를 빠르게 이해하고 분석하는 능력을 기른다. 디지털 문화에 익숙하고 아이패드와 스마트폰을 곁에 두고 유튜브, 틱톡, 만화나 웹툰 그리고 게임과 오락을 즐긴다. 게임을 하다가도 다른 일을 하기에 집중력이 짧고(3초) 산만한 경향이 있다. M세대의 집중력은 20초이고 Z세대의 집중력은 8초라고 한다(이시한, 2023). 그러므로 어디에 집중하지 못한다고 야단 칠 일이 아니라는 것이다. 그리고 자극에 대하여 직감적으로 반응하는 경향이 있으므로 자신들의 의사를 거침없이 표현하고, 하고 싶은 일을 거리낌 없이 행한다. **또한 미래를 꿈꾸기보다 현재의 즐거움을 선호한다.** 이런 경향은 이미 Z세대에서 나타나는 경향으로 조직을 선호하지 않고 고정적인 직업보다는 유튜버나 웹툰 작가 등 자유로운 직업을 선호한다. **전화 통화보다는 문자로 연락하는 것을 좋아해서 긴 글을 읽으려 하지 않는다. 문자나 기호 등을 선호하여 문해력이 떨어지는 경향이 있다.**

이들은 학문적 지식보다는 역량을 키우는 게 앞으로 살아갈 중요한 능력으로 알고 프로젝트 중심의 활동을 하고 싶어하며, 교실에 앉아서 가르침을 받고 암기하기보다는 인터넷 검색이나 챗GPT 같은 인공지능 프로그램을 통하여 원하는 정보를 찾아 자기가 학습하며, 자신의 학습경로를 찾으려 한다. **책보다는 디지털 미디어를 이용하**

여 자기 발견 학습을 하고, 자기 자신에 맞는 속도로 학습하려고 하며, 보다 즐겁고 재미난 체험학습을 좋아한다. 운동 서클이나 레고 동아리에 참여하고, 환경보호 동아리에 참여하는 등 활동 중심의 사회 참여를 하고자 한다. 시험 점수나 등위 혹은 학위 등에는 관심이 덜하며, 자신의 역량을 키우고 역량을 얼마나 향상시켰느냐에 관심을 둔다. 그러기에 **남들과 비교되는 것을 싫어하고, 디지털 원주민으로서 세계화를 추구하기에 지연이나 혈연 그리고 학연에 연연하지 않는 경향이 있다. 그렇기에 종교, 인종과 정치로부터 보다 자유롭게 행동하는 특징을 지니고 있다.**

부모들도 자녀들이 좋아하는 일을 하기를 원하기 때문에 자녀들이 적성과 흥미를 찾아 성장하고 발달하기를 허용하는 경향이 높아지고 있다. 취업난과 은퇴한 후 불확실한 미래를 경험한 부모들도 미래를 꿈꾸는 직업보다는 자녀들의 행복한 생활을 허용하는 추세에 있기에 게임이나 오락 등을 못하게 하지 않는다. 컴퓨터 게임이 아시안 올림픽 정식 종목으로 채택된 영향도 있지만 어린 게이머들이 즐겁고 행복한 생활을 하며, 수입도 상상을 초월하는 경우가 있기 때문이다. 롤드컵 대회를 전 세계 4억 명이 봤다는 중앙일보 기사(2023. 11. 20.)는 세상이 변하고 있음을 알린다.

할아버지와 할머니의 관점에서는 멀티미디어에 익숙한 손자·손녀들은 사회성이 부족하다고 느낄 때도 있을 것이다. 그러나 이는 이 세대의 특징으로서 그들은 멀티미디어를 통하여 세계인으로서 중국 게임을 즐기고, 아일랜드를 여행하며, 세계의 과학과 문화를 탐방하고 있다. 그러므로 그들에게 전통적이고 보수적인 윤리적 관념이나 학문적 지식을 전수하고자 하는 의욕을 부리면 오히려 그들과 더 멀어질 것임을 알아야 한다. 어느 재벌가에서 장손을 너무 사랑해서 가풍도 전수할 겸 결혼시킨 후 손부와 6개월 동안 조부 집에서 생활하게 하였다고 한다. 한 달 후 손자와 손부가 해외여행을 가서 돌아가지 않겠다고 하는 우습고 씁쓸한 이야기가 시사하는 바가 크다.

격대교육에서 할아버지와 할머니가 좋다고 해서 손자·손녀에게 가르치려 하는 순간부터 손자·손녀와 멀어질 것이다. 그러므로 할아버지와 할머니는 인생을 먼저 살아온 조상으로서 안내자와 상담자, 코치의 역할을 하여야 한다. 이야기를 들어주고, 공감하고, 칭찬해 주고, 손자·손녀의 편을 들어주고, 놀아 주고, 사 주고……. 훈장이나 선생님이라는 생각, 더 심하게 조상이라는 생각으로서 의욕이 앞서면 격대교육을 하지 않으니만 못하지 않을까? 그래서 격대교육이란 단어보다 더 좋은 단어가 있지 않을까 궁리한다. 손자·손녀들과 만나서 무슨 일을 하든 알파세대를 이해하고 내가 손자·손녀라는 입장으로 바꾸어 생각해 보고 행동한다면 격대교육의 효과를 높일 수 있을 것이다. 밥상에서 밥투정하는 손자에게 밥을 굶기라고 야단쳤더니 그다음부터 손자를 볼 수 없었다는 선배의 슬픈 이야기가 나를 조심하게 만든다. 유발 하라리(2016)는 2050년대에 가서는 부모나 어른의 충고는 도움이 되지 않는다고 말하였는데, 이 말이 의미하는 바가 크다.

07

사례로 본 격대교육

할아버지·할머니에게 교육받고 훗날 훌륭한 사람으로 성장한 사람으로는 노벨 물리학상과 화학상을 두 번이나 받은 퀴리, 철학자 러셀, 제42대 미국 대통령 클린턴, 제44대 미국 대통령 오바마 등을 들 수 있다. 조선시대 성종도 할아버지·할머니의 영향을 많이 받았으며, 이황도 153통의 편지를 써서 손자를 가르쳤다. 이제부터는 할아버지·할머니의 교육이 어떻게 이루어졌는지 옛 선조들의 사례를 살펴보자.

1. 우리나라의 격대교육

성종

성종(1457. 8. 28.~1495. 1. 29.)은 태어난 지 두 달도 못 되어 아버지 의경세자가 죽고 할아버지 세조의 손에서 자랐다(백승헌, 2005). 예종의 장남인 월산대군이 적장자로서 왕위 계승권이 있었음에도 성종은

총명함으로 왕위에 올랐다. 13세에 왕에 즉위한 후에도 할머니 정의
왕후의 보호와 배려 아래 제왕을 위한 교육을 받고 훌륭한 임금이 되
었다.

성종은 유교 중심의 성리학을 배웠으며, 경학이나 강의에 관심을
가졌다고 한다. 또한 도학에 조예가 깊어 학자들과 자주 토론하고,
경학이나 강의를 잘 알고 있는 사람들을 관리로 등용하였으며, 평복
을 입고 민생을 시찰하여 백성들의 민생고를 이해하고 해결해 주려
는 노력도 게을리하지 않았다. 뿐만 아니라 학구적 자질도 높아 고려
시대부터 조선시대 초기까지 100년간에 걸쳐 반포된 법전, 조례, 관
제 등을 총망라한 『경국대전』을 완성하였으며, 많은 서적을 출간하였
다. 중국과의 정치적 문제를 깊이 이해하고, 경제와 문화 교류를 위
하여 중국어를 공부하였으며, 신하들이 반대함에도 불구하고 이문
(중국과의 외교문서에 쓰이는 서체)에 대한 지식을 쌓았다.

조선시대에도 왕손에 대해서는 조기교육을 실시하였다. 왕손으로
태어난 아기씨가 서너 살이 되면 글을 배울 때라 하여 원자로 책봉한
다. 원자는 6세까지 강학청이라는 곳에서 교육을 담당하는 강학관들
로부터 영재교육을 받게 된다. 강학관은 정2품 이상의 보양관들을
임명하거나 학덕이 뛰어난 사람들을 특채한다. 한자와 언문 교육을
병행하였고, 유학과 충효를 강조하였다. 교재로는 『천자문』『동몽선
습』『격몽요결』 등이었다. 매일 아침, 점심, 저녁에 약 45분씩 세 번
수업하였으며, 강학관이 한문의 글자 음과 뜻을 새겨 주면 원자는 따
라서 반복해서 읽고, 외우는 방식으로 진행하였다. 이를 통하여 두뇌
의 발달과 기초 학습 능력을 배양하고 예법을 터득하게 하였다.

원자가 여덟 살 이후 세자로 책봉되면 앞으로 왕이 될 사람으로서 종묘에 고하고 서연(書筵)이라는 제도 아래서 교육받게 된다. 왕세자 교육은 세자시강원에서 전담하였고, 효를 중시하였으며, 나아가 왕으로서 갖추어야 할 지식과 역량 그리고 경륜을 키우게 하였다. 왕세자의 스승은 박사라 하였는데, 조선시대의 직위로 보면 정7품이지만 세자의 스승으로 추대되는 존칭이었다. 박사는 주로 대제학 현임 중에 선발되었다. 왕세자의 교재는 유교 경서와 역사책들이 주를 이루었으며『천자문』『동몽선습』『소학』『효경』을 배우고 난 후『사서오경』을 배우게 하였다. 역사 교재는 통감과 강목을 위주로 하였으며, 성리학 책도 교재로 사용하였다. 왕세자의 서연은 조강, 주강, 석강으로 짜여 있으며, 교수들의 엄격한 지도 아래 실시되었다.

일기로 써 내려간 손자 육아일기-이문건의『양아록(養兒錄)』

조선시대 최초의 육아일기는 이문건(李文楗, 1494~1567)이 2대 독자인 손자 이수봉[李守封, 1551~1594, 초명은 숙길(淑吉)]의 육아와 교육을 하며 쓴『양아록』이다. 이문건은 손자가 태어난 1551년부터 1566년까지 손자를 양육하는 과정을 소상하게 일기로 적었다.『양아록』은 현존하는 세계 최고(最古)의 육아일기로 평가받는다.

이문건은 병약한 아들이 일찍 죽자 남겨진 손녀와 손자의 양육을 부인과 함께 떠맡게 되었다. 이러한 가정적 환경에서 이문건의 무한한 손녀·손자 사랑이『양아록』을 탄생시켰다.『양아록』에서 이문건은 육아의 목적을 올바른 인격의 형성에 두었다.

■ 늙은 할아비 혼자 술을 따라 마시며 축하한다

『양아록』의 출발은 이문건이 손자가 태어나던 날의 기쁨을 기록하는 것으로 시작한다. 이문건은 손자를 얻은 기쁨을 다음과 같이 적었다.

가정 30년 신해년(1551년) 정월 초 5일 며느리 김씨가 오전 9시쯤 사내아이를 낳았다.
귀양살이 중에 이 같은 기쁨이 있어 칠언율시를 지어 읊고 여기에 적는다.

하늘의 바른 도리 끝없이 생겨나고 계속되어
어리석고 못난 아들이 자식을 얻어 가풍을 잇게 되었다.
땅속에 잠들어 계신 조상님들의 영혼이 많이 도와주셔서
후손들의 일이 잘 되어 가리라.
오늘 갓 태어난 손자를 보니 기쁜 마음이 든다.
만년에 성동(成童)으로 커 가는 모습 지켜보리라.
귀양살이 쓸쓸하던 차에 흐뭇한 일이 생겨
늙은 할아비 스스로 술을 따라 마시며 축하한다.

■ 할아버지의 마음을 읽을 수 있을 것이다

이문건은 자신이 『양아록』을 남기게 된 연유를 다음과 같이 적어 놓았다.

아이 기르는 일을 반드시 기록으로 남길 필요는 없지만 내가 그리하는 것은 특별히 다른 할 일이 없기 때문이다. 나이 들어 귀양살이하는데 벗할 동료가 줄어들었고, 살아갈 뚜렷한 방도가 없어 생산적인 일을 하지 못하고 있었으며, 아내는 다시 고향으로 돌아가 혼자 외롭게 지내는 처지였다. 날이 저물 때까지 손자의 재롱을 보는 것이 유일한 기쁨이었다. 한가롭게 편지를 펼쳐 읽으면서 그 위에 고을을 다스리는 조희 군과 귀양을 간 조카 이염, 귀양을 온 벗 유감 등이 써서 보내 온 차운시를 붙여 훗날 즐길거리로 만들어 놓았다. 아울러 습좌(習坐), 생치(生齒), 포복(匍匐) 등의 짧은 글을 적어 그리워하고 연모하는 뜻을 덧붙였다. 손자가 커서 이 글을 보게 된다면 문자에 나타나 있는 할아버지의 마음을 읽을 수 있을 것이다.

■ 손자에게 진심으로 바라는 것은

이문건은 손자에게 글을 읽으며 스스로 배워서 익히라고 가르쳤다. 이문건은 손자에게 글을 가르치는 것이 마음처럼 되지 않자 많은 고민을 하였다. 이문건은 어느 날 눈물을 흘리며 다음과 같은 시를 지어 읊었다.

이 늙은이가 하나밖에 없는 손자에게 진심으로 바라는 것은
처음부터 끝까지 학문을 완성하여 가문을 일으켜 세우는 것
글을 읽을 때 스스로의 생각으로 가르침을 잘못 이해할까 걱정되어
뜻을 풀이하기 전에 반드시 본래의 의미를 가르쳐 주거늘
손자는 어찌 가끔 지극히 오만한 대답을 하는가

앞으로 누가 날마다 가르쳐서 익힐 수 있게 하겠는가

손자가 예전의 잘못을 뉘우치고 바로잡는다면

인륜에 어긋나지 않게 내 은혜를 갚을 것이다.

나막신 굽이 부러진 줄도 모르고 크게 기뻐하다
-편지에 담은 퇴계 이황의 손자 사랑

퇴계 이황은 수많은 편지로 자녀를 교육하였다. 편지를 통한 자녀 교육은 조선시대에 그 사례를 찾아보기가 어려운 것은 아니다. 다만 편지의 횟수에 있어서는 퇴계의 경우가 특별하다. 퇴계는 아들과 손자 그리고 혈족들에게 보낸 편지가 1,300여 통으로 알려져 있다(권오봉, 1996). 그 가운데 맏손자인 이안도(李安道, 1541~1584)에게는 150여 통의 편지를 보냈다(정석태 역주, 2005).

편지에는 가학(家學, 집안 대대로 전하여 오는 학문)을 이어 공부를 열심히 하라는, 학문을 격려하는 편지에서 독서하는 방법, 훌륭한 스승은 직접 찾아가 공부해야 한다는 조언, 좋은 벗들과의 교류, 안부를 묻는 내용, 사회생활의 처신 등 다양한 내용이 들어 있다. 손자 안도에게 보낸 편지에는 할아버지의 각별한 애정과 함께 엄격함이 들어 있어 퇴계 이황의 손자 교육의 단면을 볼 수 있다.

다음 편지는 손자에 대한 솔직한 사랑과 기쁨을 나타낸 것으로 퇴계 이황의 인간적인 면모를 잘 보여 준다.

지금 안동에서 보내 온 과거시험 합격자 명단을 보고 너희가 합격했다는 것을 알았다. 요행인 줄은 알면서도 나도 모르게 나막신 굽이 부러진 줄도 모르고 크게 기뻐하였다(1561. 8. 12.~30.).

■ 과거 공부를 위한 조언

봄에 특별 과거시험이 한 차례 있을 듯하니, 얼마간 이곳으로 내려오지 말고 겨울 동안 성균관에 있으면서 아무쪼록 열심히 공부하거라. 학과 공부뿐만 아니라 시험에 대비하는 공부에도 힘을 쏟아라. 세월이란 빠른 것이다. 하는 일 없이 지내면서 일생을 마쳐서야 되겠느냐(정석태 역주, 2005, pp. 168 – 169).

너는 평소 글을 읽을 때 자세히 뜯어보고 깊이 음미하려고 하지 않으므로 갑자기 시험 문제를 접하게 되면 마치 안개 속에서 헤매듯 당황하게 되는 것이다(정석태 역주, 2005, pp. 255 – 257).

■ 진정한 학문의 목적을 일깨워 주다

전에 너의 뜻을 살펴보니 학문에는 전혀 마음을 두지 않고 있더구나. 나는 네가 아직 장자와 주자의 글을 읽지 않아서 그럴 것이라 생각했다. 그러다가 지난 겨울에 주자의 글을 읽고서도 깨닫고 분발해서 힘껏 유익함을 구하려는 뜻을 볼 수 없어서 나는 마음속으로 크게 실망하였다.

또 너는 내 편지를 받은 뒤로 이에 대해 한마디 말도 없으니, 모르는 것을 알려는 뜻은 없고, 오로지 과거시험에 합격해서 벼슬자리를 얻는 데만 마음을 두고 있음을 알 수 있다. 뜻을 세움이 이러면 보잘것없으니, 비록 이제 네게 억지로 이 책을 읽게 하더라도 그것은 노래를 부르기 싫어하는 사람에게 억지로 노래를 부르게 하는 것과 무엇이 다르겠느냐. 그렇지만 나로서는 이 때문에 너를 끝내 바른길로 인도하지 않을 수 없기에 종과 말을 보내는 것이니, 너만 유독 분발해서 고치려고 하지 않아서야 되겠느냐(정석태 역주. 2005, pp. 96 – 99).

■ 올바른 언행으로 처신하라

너는 어른들 앞에서는 나서지 말고 차분히 마음을 비운 채 서로 차이가 있는 여러 의견을 찬찬히 듣고 자세히 살펴서 그중 나은 것을 따라 좋은 점을 취하면 된다. 그런데 이제 먼저 자신의 거칠고 엉성한 식견을 가지고 자기 생각을 주장하느라 입에서 나오는 대로 큰 소리로 마구 떠들어 어른들의 말을 누르고 말았으니, 설사 네 말이 이치에 어긋나지 않았다고 하더라도 이미 네 생각만을 큰 소리로 마구 떠들어 댄 무례를 저지르고 만 것이다. 이것은 배우는 사람이 자신에게 보탬이 되는 것을 구하는 태도가 아니다. 속히 고치도록 하거라(정석태 역주. 2005, p. 271).

2. 서양의 격대교육

마리 퀴리

4대에 걸쳐 과학자를 배출한 퀴리 가문에서도 격대교육이 이루어졌다. 마리 퀴리(Marie Curie, 1867. 11. 7. ~ 1934. 7. 4.)는 1903년에 노벨 물리학상, 1911년에 노벨 화학상으로 노벨상을 두 번이나 받았고,

할아버지에게 교육받은 그녀의 딸, 이렌느 퀴리도 역시 노벨상을 받았다.

마리 퀴리는 1867년 11월 7일에 폴란드 바르샤바에서 태어났다. 아버지 브와디스와프 스크워프도프스키는 고등학교에서 물리학을 가르쳤고, 어머니 브로니스와바 보구스카는 중학교 교사였다. 마리 퀴리는 두 오빠와 두 언니를 두었고, 부모님이 교사이고 아버지가 가정적이어서 어릴 때는 화목한 환경에서 자랐다. 그러나 러시아가 폴란드를 지배하였기에 폴란드어나 폴란드 역사를 공부하지 못하게 하였다. 마리 퀴리의 아버지는 폴란드어로 쓴 학생의 답을 정답으로 처리했다는 이유로 교감 자리에서 평교사로 강등되었다가 결국엔 교사직을 박탈당하면서 가족의 불행이 시작되었다. 아버지는 집을 하숙 형태로 바꾸어 학생들을 가르치는 부업으로 생계를 꾸렸다. 그러던 어느 날 하숙생 중 한 명이 장티푸스에 걸렸고, 그 병이 마리 퀴리의 언니들에게 전염되었다. 둘째 언니인 브로니스와바는 다행히 회복하였으나, 첫째 언니 조피아가 병을 이기지 못하고 열두 살의 어린 나이로 죽었다. 또한 마리 퀴리가 열 살이 되던 해에는 결핵으로 오랜 투병 생활을 하던 어머니마저 세상을 떠나게 된다.

마리 퀴리는 공부를 잘했지만 가난한 데다가 바르샤바 대학교는 남학생만 입학할 수 있는 학교라서 여학생의 입학을 허가하는 프랑스에서 유학할 수밖에 없었다. 마리 퀴리는 23세에 소르본 대학교에 입학하여 조국의 발전을 위하여 과학자가 되기로 결심하고 학업에 열중하던 중 피에르 퀴리와 결혼을 한다. 피에르 퀴리는 물리학자였고, 마리 퀴리는 화학자여서 두 학문의 융합연구를 통하여 보다 좋은 공동연구를 진행할 수 있었다.

　두 사람은 연구자로서 연구에 매진해야 하므로 두 딸을 공동으로 양육하여야 했다. 현대사회의 맞벌이 부부와 같은 평등 부부로서 자녀교육을 분담한 것이다. 그러던 중 피에르 퀴리의 어머니가 유방암으로 세상을 떠났고, 홀로 된 아버지 외젠 퀴리는 바쁜 아들 부부를 돕기 위하여 함께 살면서 손녀들의 양육을 도왔다. 외젠 퀴리는 의사이면서 자연과학에 대한 관심이 많았기 때문에 손녀들에게 자연스럽게 자연과학에 대한 지식을 가르쳐 주었고, 과학자가 지녀야 할 자세와 태도 그리고 재미난 과학적 지식 등을 가르쳐 주었다. 손녀인 이렌느 퀴리는 의사 할아버지로부터 정신적 안정을 찾았고, 빅토르 위고의 작품을 통하여 문학적 소양을 키웠을 뿐 아니라 식물학, 수학, 물리학, 화학 등 여러 분야의 지식을 얻을 수 있었다. 이렌느 퀴리는 어머니의 연구 조수로 일하던 프레데릭 졸리오와 결혼하였는데, 이 부부 역시 공동연구를 통하여 1934년에 노벨 화학상을 수상하였다. 이렌느 퀴리는 노벨 물리학상과 노벨 화학상을 받은 부모님의 영향을 많이 받았지만, 부모님들이 연구에 열중할 때는 의사인 할아버지와 할머니가 돌봄과 양육을 맡아 주셔서 자신의 성장에 많은 영향을 주었다고 한다.

버트런드 아서 윌리암 러셀

　러셀(Bertrand Arthur William Russel, 1872. 5. 18.~1970. 2. 2.)의 증조부는 6대 베드퍼드 공작 존 러셀이며, 러셀의 할아버지는 러셀 공작

의 둘째 아들로 빅토리아 여왕 시대에 영국 총리를 두 차례 역임하였던 1대 러셀 백작 존 러셀이다. 러셀 가문은 튜더 왕조가 부상함에 따라 작위와 권력을 얻기 수 세기 전부터 잘 알려진 명문가였다. 러셀의 아버지는 앰벌리 자작으로 무신론자였다. 러셀의 어머니 캐서린 루이사는 앨더리 가문의 에드워드 스탠리 남작의 딸이다. 러셀의 형제로는 일곱 살 위인 형 프랭크 러셀과 네 살 위인 누나 레이철 러셀이 있다.

1874년 6월 러셀의 어머니와 누나 레이철이 디프테리아로 사망했으며, 1876년 1월에 아버지 또한 기관지염으로 사망했다. 애초 러셀의 부모는 자녀들이 무신론자인 친구들에게서 양육되길 바랐으나 할아버지·할머니들은 유언을 무시하고 자신들이 법정 후견인이 되었다. 러셀의 할아버지 존 러셀 백작도 1878년에 사망함에 따라 러셀의 할머니인 러셀 백작 부인이 러셀의 유년 시절에 가장 영향을 준 중요한 사람이 되었다. 그러므로 영국의 철학자이자 노벨 문학상을 받은 버트런드 러셀은 두 살과 네 살 때 어머니와 아버지를 여의고 할아버지·할머니 집에서 자랐으며 여섯 살 때 할아버지마저 돌아가시고 나서 할머니의 영향 아래 자랐다.

러셀의 할머니는 청교도로서 자손들에게 엄격한 교육을 하였으며, 프랑스어, 독일어, 이탈리아어를 가르쳤고, 문학적 소양도 길러 주었다. 할머니는 손자를 학교에 보내지 않고 가정교사를 통해서 공부시켰다. 외국어뿐 아니라 과학과 수학에 관한 관심을 심어 준 것도 가정교사들이었다. 특히 독서를 많이 하도록 했다. 그의 형 프랭크는 그에게 유클리드의 저작을 소개하여 주었는데, 이것이 러셀의 인생을 바꿔 놓았다. 러셀은 훗날 자서전에서 당시 그의 취미는 종교, 수학에 집중하고 있었으며, 이후로 철학과 다른 분야에서도 많은 공헌을 하였다. 그는 "머리가 가장 좋았을 때는 수학자를 하였고, 머리가 나빠지자 철학자가 되었습니다. 철학도 할 수 없을 만큼 머리가 나빠졌을 때는 평화 운동을 했지요."라는 말을 남기기도 했다.

러셀은 케임브리지 대학교를 졸업한 뒤 수학에서 철학으로 전공을 바꾸었으며, 화학, 윤리, 사회, 교육, 역사, 정치, 종교에 이르는 40여 권의 다양한 책을 출간하였다. 그리고 78세에 『행복의 정복』이란 책을 써서 노벨 문학상을 수상하게 되었다.

러셀은 어려서부터 매우 규칙적인 생활을 하는 것으로 유명해서 많은 강연과 일정에 쫓기면서도 하루에 100통 이상의 편지에 답장하였다고 한다. 그의 일과는 오전 8시부터 11시 30분까지 편지에 대한 답장을 쓰고, 11시 30분부터 1시까지는 사람들을 접대하고 면담하였으며, 2시부터 4시까지는 독서를 하거나 글을 쓰며 사람들을 만나고 저녁 8시부터는 독서와 글을 썼다고 한다. 이렇게 규칙적인 생활을 하게 된 데는 할머니의 가르침이 컸다고 한다.

러셀은 교육에도 관심이 많았는데 아동의 교육에서 가장 중요한 것은 자유와 책임이라 강조하였다. 아동들에게 자유를 주되 규칙을 지켜야 하고, 책임과 의무를 다하게 하여야 한다고 하였다. 그리고 어릴 때 과학적 사고와 창조적 상상력을 길러야 한다면서 비콘 힐이라는 실험학교를 설립하였다. 이런 일련의 활동과 업적은 명문가의 자손으로서 가풍을 이으며 가문의 자긍심을 지키기 위한 보이지 않는 정신적 힘이 있었기 때문에 가능했다.

부모도 자녀에게 그런 정신적 힘을 기르게 할 수 있으나, 긴 인생을 살아오면서 여러 가지 경험도 많고 시간적으로도 여유가 있는 할아버지·할머니들에 의하여 가문의 전통과 정신을 이어받는 것이 더 바람직할 것이다.

빌 클린턴

빌 클린턴(Bill Clinton, 1946. 8. 19. ~)은 1946년 8월 19일 미국 남부 아칸소주에서 유복자로 태어났다. 그의 아버지는 그가 태어나기 전에 교통사고로 숨졌다. 그의 어머니 버지니아 켈리는 아들이 태어나기 전에 사망한 그의 아버지의 이름을 따 윌리엄 제퍼슨 블라이드 3세로 이름을 지었다. 빌이 네 살 때 어머니가 간호사 교육을 받게 되어 외할아버지와 외할머니에게 보내져서 생활하게 되었다. 여덟 살 때 그의 어머니가 로저 클린턴과 재혼하자 빌은 계부의 성을 따랐다. 가족은 핫 스프링스로 이주하여 실내에 수도도 없는 작은 집에서 살았는데, 새아버지는 알코올 중독자였고, 가족은 그런 새아버지의 가정폭력에 의해 어려운 생활을 하였다. 그런 이유로 빌은 부모가 아닌 할아버지와 할머니로부터 사랑과 교육적 영향을 많이 받았다. 그의 할아버지인 제임스 엘드리지 클린턴은 민주당 지지자였으며, 어린 빌 클린턴에게 정치에 관한 관심을 심어 주었다. 그는 할아버지와 함께 신문을 읽고, 정치 이야기를 나누면서 국가와 사회에 대한 이해를 높여 갔다.

클린턴의 할머니인 에드리스 존슨 클린턴은 매우 교양 있는 여성

이어서 클린턴에게 예절과 교양, 윤리적 가치를 가르치고, 읽기와 문학, 역사에 관한 관심을 심어 주었다고 한다. 할머니는 클린턴에게 다양한 책을 소개하고 함께 독서하는 시간을 가져 클린턴이 폭넓은 지식과 문학적 감수성을 키울 수 있었다고 한다.

할아버지와 할머니는 클린턴에게 교육의 중요성을 강조하여, 그의 열정과 능력을 격려하며 성장시켜 주었다. 특히 정치와 사회에 관심을 두게 하였으며, 독립적인 사고와 리더십을 키워 주었다. 이로써 중학교 입학 이후에는 우등생이 되었고 리더십을 발휘할 수 있었다. 특히 고등학교 시절부터 교내외 활동에 큰 관심을 보였다고 한다. 클린턴이 열일곱 살 때 그는 케네디 대통령을 만나서 일찍이 정치에 관심을 나타냈다고 한다. 이어서 장학생으로 조지타운 대학교에 입학하여 흑인 민권 운동 투쟁은 물론 베트남 전쟁에 대항하는 운동으로 헌신하였다. 옥스퍼드 대학교를 거쳐서 예일 대학교에서 법학을 전공한 후에 고향 아칸소주로 돌아와 변호사로 일하면서 로스쿨에서 강의도 하였다. 1976년에는 아칸소주 법무부 장관을, 1978년에는 서른두 살로 미국 역사상 최연소 주지사에 당선되었고, 마흔여섯 살에 드디어 42대 미국 대통령, 이후 재선되어 다시 대통령이 되었다.

클린턴의 할아버지·할머니는 다양한 주제의 책을 읽게 하여 지식의 폭을 넓히도록 해 주고, 호기심을 자극해 주었으며, 독서를 통한 학습의 열정을 키워 주었다. 할아버지·할머니는 민주당 당원으로, 정치와 역사에 대한 많은 관심이 있어서 클린턴에게 이런 주제에 대한 지식을 전달하고 이해할 수 있도록 하였다. 정치적 이해와 문제에 관한 관심을 두게 하였고, 의견을 발표하고 토론하는 훈련을 시켰으며, 타인의 의견을 존중하는 방법과 타인과 협력하는 능력도 길러 주었다. 또한 사회적 책임과 공공의 이익을 위한 봉사활동의 가치를 가르쳐서 사회에 이바지하는 의식을 갖게 하였다.

이러한 가정환경은 클린턴이 정치 경력을 쌓는 데 큰 영향을 미쳤다. 그의 할아버지와 할머니로부터 받은 교육적인 영향은 그의 정치적인 열정과 사회적인 약자에 관한 관심을 형성하는 데 큰 역할을 하였다. 이러한 가르침은 클린턴이 나중에 정치 활동을 통해 사회와 국가에 이바지하는 데 영향을 주었다고 한다. 빌 클린턴은 대통령이된 뒤에도 할아버지·할머니의 가르침에 감사해하였으며, 민주주의와 공공의 이익에 대한 가치를 심어 주었다고 언급하였다. 할아버지·할머니의 가르침은 클린턴의 정치 경력과 대통령으로서의 업적에 영향을 미친 것으로 널리 알려져 있다.

버락 후세인 오바마

오바마(Barack Hussein Obamam, 1961. 8. 4.~)는 케냐 출신 유학생인 루오족 버락 오바마 시니와 캔자스 출신의 영국계 미국인 어머니 앤 던햄 사이에서 태어났다. 두 사람은 하와이 대학교의 러시아어 수업에서 만나 1961년 2월 2일에 결혼하였으며, 같은 해에 하와이주 호놀룰루의 카피올라니 병원에서 버락 오바마를 낳았지만, 결혼한 지 2년 만에 이혼한다. 아버지는 재혼하여 케냐로 돌아가서 두 아들을 낳았고, 1982년에 교통사고로 죽었는데 아들 버락 오바마를 한 번밖에 보지 못했다고 한다.

어머니 던햄은 하와이 대학교에 다니는 인도네시아인 유학생 롤로 수에토로와 1965년에 재혼하였는데, 1967년 인도네시아의 수하르토 정부가 해외에 있던 모든 인도네시아 유학생에게 본국 소환령을 내려 그의 가족은 인도네시아로 이사를 갔다. 버락 오바마는 여섯 살부터 열 살 때까지 베수키 공립학교와 아시시의 성 프란치스코 학교 등 자카르타의 지역 학교에 다녔다. 오바마가 낯선 인도네시아에서 생활하던 열 살 때 오바마의 어머니는 아들의 장래를 위하여 미국에서 교육해야 한다는 생각으로 외할아버지·외할머니인 매들린과 스탠리 아머 던햄과 같이 살기 위해 그를 호놀룰루로 보냈다. 하와이에 있는 사립대학교 예비 학교인 푸나호우 학교에 5학년으로 전학하여 1979년에 고등학교를 졸업하였다. 어머니는 1972년에, 하와이로 돌아와 지내다가 1977년에 인도네시아에 인류학 현지 조사 일을 하다가 1994년에 다시 하와이로 돌아오지만, 1년 만에 난소암으로 세상을 뜨고 만다.

버락 오바마는 하와이에서 최고의 명문 사립학교인 '푸나호우'에 입학하지만, 그곳에서의 생활 또한 평탄하지 않았다. 대다수의 백인 아이는 흑인 아이들을 대놓고 괴롭히지는 않았지만, 그렇다고 친구처럼 대하지도 않았다. 그저 재밋거리로 한 번씩 놀릴 뿐이었다. 오바마는 어린 시절에 대하여 "아버지는 내 주변 사람들과 전혀 다르게 생겼다는 점—아버지는 꺼멓고, 어머니는 우유처럼 하얗다—을 나는 개의치 않았다."라고 회상하였다.

이럴 때 외할아버지와 외할머니는 오바마에게 극진한 사랑을 베풀고, 학교 행사에 적극적으로 참여하면서 오바마가 긍정적인 자아

개념과 자존감을 잃지 않도록 격려하였다. 두 분이 모두 백인이면서 인종에 대한 올바른 이해와 평등한 사회, 사회 정의 그리고 자유에 대한 사고를 키웠으며, 지도자로서 해야 할 역할 등에 대하여 눈을 뜨게 하였다. 오바마의 외할아버지 스탠리 던햄은 흑인 시인 프랭크 마셜 데이비드와 친하게 지냈다. 백인 외할아버지, 시인인 흑인 할아버지 친구, 그사이의 혼혈 소년, 그렇게 자신들의 다름은 정체성의 혼돈이 아니라 오히려 다양성을 이해하는 기회로 만들어 주었다. 외할머니는 새벽 5시에 일어나서 하루를 준비하는 모습과 꾸준히 공부하는 자세를 보여 주었다. 오바마가 아파트 앞 농구코트에서 운동하고 있으면 외할아버지와 외할머니가 자주 내려다보시면서 사랑과 관심을 표현하였다.

2008년 대선 2주 전에 오바마는 호놀룰루로 떠나 메들린 던함 병원에 입원하신 당시 86세의 외할머니께 문안을 올렸고, 대선 전날 외할머니의 운명을 알리며, 자기가 보다 나은 삶을 살 수 있게 해 준 '조용한 영웅'이라고 칭송하였다. 그의 자서전에 다음과 같이 쓰고 있다.

외할머니는 저에게 근면이 무엇인지 가르쳐 주신 분입니다. 자신이 필요한 새 차나 옷을 사는 걸 미루고 제가 더 나은 미래를 가질 수 있도록 저에게 투자하셨지요. 여행하지 못해 지금 이곳에 계시지는 못하지만 저는 알고 있습니다. 오늘 밤은 저의 날이기도 하지만 제 할머니의 날이기도 합니다.

오바마는 사춘기로 접어들면서 내적으로 혼자 치열하게 투쟁하였다. '나는 누구인가?'라는 정체성의 문제부터 백인 중심인 미국에서 흑인으로 어떻게 살아야 할 것인가 하는 문제까지 혼란스러운 질문들을 머릿속에서 끊임없이 떠올렸다. 이런 정체성의 혼란으로 오바마는 청소년 시절 알코올, 마리화나, 코카인을 복용한 사실이 있지만 결국 외할아버지와 외할머니, 어머니의 사랑과 관심 속에서 더 깊이 있게 성장하게 되었고, 마침내 미국 최초의 흑인 대통령이 되었다.

08
동서양의 자녀교육

"자녀를 키우는 것은 단순히 양육하는 것이 아니라, 함께 성장하는 여정이다."
— 잭슨 브라운

"자녀를 통제하려고 하는 것보다 그들을 이해하려고 노력하라."
— 덴버 프랭클린

"아이에게 가르치기 전에 그를 이해하라."
— 에릭 프롬

"자녀에게는 예의 바른 사람이 되도록 가르치기보다는 예의 바르게 행동하는 모습을 보여 주는 것이 더 중요하다."
— 베일리 버트럼

1. 우리나라의 자녀교육

태교(胎敎)에서 출발하는 자녀교육

동양 전통사상에서는 태아를 하나의 인격체로 받아들였다. 태중의 나이를 한 살로 인정하는 우리나라의 나이 문화는 태아를 엄연한 인간으로 인정한 것이라 할 수 있다.

동양 태교의 출발은 중국 고대 주나라 때부터라고 한다. 주나라 문왕의 어머니인 태임(太妊)이 최초로 태교하였다고 전한다. 태임의 태교에 관한 내용은 중국 전한 시대 유향(劉向)의『열녀전(列女傳)』과 대덕(戴德)의『대대례기(大戴禮記)』에 실려 있다. 가의(賈誼, B.C. 200~B.C. 168)의『신서(新書)』에는 주나라 성왕(成王)의 어머니가 태교한 내용이 기록되어 있다.

유향의『열녀전』태교 내용이다.

태임의 성품이 단정하고 한결같아서 정성스럽고 장중(莊重)하여 오직 덕행을 하다가 임신했는데, 눈으로는 나쁜 빛깔을 보지 않고 귀로는 음탕한 소리를 듣지 않으며, 입으로는 오만한 말을 하지 않으며 태교를 잘 실천했다.

가의의『신서(新書)』태교 내용이다.

주나라 무왕의 부인 읍강(邑姜)이 성왕(成王)을 임신하였을 때, 설 때는 비스듬히 서지 않았으며(체중이 한쪽으로 쏠리지 않게), 앉을 때 몸을 굽히지 않았으며, 웃을 때 소리를 내지 않았으며, 혼자 있을 때 오만한 태도를 짓지 않았으며, 비록 화가 나더라도 꾸짖지 않았으니, 이것을 태교라고 한다.

우리나라의 경우, 율곡 이이의『성학집요(聖學輯要)』제5권, 제3장「정가(正家)」, 제4장「교자(教子)」장에 '태교(胎敎)에 관한 내용이 실려

있다. 1801년(순조 1년) 경북 예천 사주당 이씨(師朱堂李氏)가 쓴 『태교
신기(胎敎新記, 사주당 이씨가 자신의 경험을 토대로 임신·출산 등을 기록한
조선시대 태교 지침서)』와 1809년(순조 9년) 서유구(徐有榘, 1764~1845)의
형수인 여성 실학자 빙허각 이씨(憑虛閣 李氏, 1758~1824)가 쓴 『규합
총서(閨閣叢書)』, 「청낭결(靑囊訣)」편에도 '태교'에 관한 내용이 나온다.

■ 율곡 이이의 태교

"옛날에는 부인이 아이를 임신하면 옆으로 누워 자지 않고 삐딱하게
앉지 않았으며, 외발로 서지 않고 맛이 야릇한 음식은 먹지 않았다. 자른
것이 반듯하지 않은 음식은 먹지 않고 자리가 바르지 않으면 앉지 않
았다.

『열녀전』도 이와 같다. 오씨(吳氏)가 말하기를, '측(側)은 그 몸을 옆으
로 눕히는 것이요, 변(邊)은 그 몸을 삐딱하게 하는 것을 말한다. 필(蹕)은
파(跛)로 써야 하니, 한쪽 다리에만 치우치게 몸을 맡기는 것을 말한다.
사미(邪味)는 바르지 않은 맛을 말한다.' 하였다.

사특한 색깔은 보지 않고, 음란한 소리는 듣지 않으며, 밤이면 장님으
로 하여금 시를 외우게 하되 바른 일을 말하게 한다. 진씨(陳氏)가 말하
기를, '도(道)는 말한다는 뜻이요, 정사(正事)란 일이 예에 알맞은 것을 가
리킨다. 장님에게 시를 외게 한다는 것은 그 소리가 정밀하기 때문이다.'
하였다.

이같이 한다면 자식을 낳아도 그 형체나 용모가 단정하고, 재주가 남
보다 뛰어날 것이다. 진씨가 말하기를, '부인이 임신하였을 때 잠자는
일, 먹는 일, 앉는 일, 서는 일, 보는 일, 듣는 일, 말하고 행동하는 일이 하

나같이 모두 올바른 뒤에 태어난 자식의 형체나 용모가 단정하고, 재주가 남보다 뛰어나게 된다는 것이다.' 하였다.

나라의 뛰어난 선비로 키우다 – 강수 부친의 자녀교육

강수(强首)는 7세기(무열왕~신문왕) 통일신라에서 활약한 유학자다. 신라 중원경(지금의 충주) 사량(沙梁) 사람이다. 아버지는 석체(昔諦) 나마(奈麻)였다. 그 어머니가 꿈에 뿔이 있는 사람을 보고 임신하여 낳았는데, 머리 뒤쪽에 높이 솟은 뼈가 있었다. 석체가 아이를 데리고 당시 현자라고 불리던 자에게 가서 물어보길, "이 아이의 머리뼈가 이와 같은데, 어떻습니까?"라고 하였다. (현자가) 대답하길, "제가 듣건대 복희는 호랑이의 형상이요, 여와는 뱀의 몸이요, 신농은 소의 머리요, 고요는 말의 입이라 하였습니다. 곧 성현은 같은 부류로 그 모습 역시 평범하지 않은 데가 있습니다. 또 아이의 머리를 살펴보니 사마귀가 있는데, 관상법에서 "얼굴의 사마귀는 좋지 않으나 머리의 사마귀는 나쁘지 않다."라고 하였으니, 이 아이는 반드시 기이한 인물이 될 것입니다."라고 하였다.

강수의 아버지가 돌아와 아내에게 일러 말하길, "이 아들은 평범하지 않은 아이니 잘 양육하여 장차 이 나라에서 가장 뛰어난 선비[國士]로 만듭시다."라고 하였다.

강수는 장성하면서 스스로 글을 읽을 줄 알아 문자의 뜻과 이치를 훤히 깨달았다. 아버지가 그의 의지를 살펴보고자 묻기를, "너는 불도(佛道)를 배우겠느냐? 유도(儒道)를 배우겠느냐?"라고 하였다. 강수가 대답하길, "제가 듣기로 불교는 세상 밖의 가르침이라고 합니다. 저는 세간의 사람인데 불도를 배워서 무엇을 하겠습니까? 저는 유자(儒者)의 도를 배우고자 합니다."라고 하였다. 아버지가 말하길, "너 좋을 대로 하라."고 하였다.

마침내 강수는 스승을 찾아가『효경(孝經)』『곡례(曲禮)』『이아(爾雅)』『문선(文選)』을 읽었다. 듣는 것은 비록 얕고 낮았으나, 얻는 것은 한층 높고 깊었다. 뛰어나고 장대하여 당시의 걸출한 인물이 되었다. 드디어 벼슬에 나아가 관직을 두루 거쳐 지내니 당시 널리 알려진 사람이 되었다.

강수는 일찍이 부곡(釜谷)의 대장장이 집 딸과 혼인 전에 정을 통하여, 좋아하는 마음이 매우 돈독하였다. 20세가 되자 부모가 마을에서 용모와 행동이 좋은 여자를 중매하여 장차 아내로 삼게 하려 하였다. 그러나 강수는 두 번 장가들 수 없다며 거절하였다. 아버지가 화내며 말하길, "너는 세상에 이름이 나서 나라 사람 중에 너를 모르는 사람이 없다. 그런데 미천한 자를 배우자로 삼는다면 또한 부끄러운 일이 아니겠느냐?"라고 하였다. 강수가 두 번 절하고 말하길, "가난하고 천한 것은 부끄러운 것이 아닙니다. 도를 배우고도 실행하지 않는 것이 진실로 부끄러운 것입니다. 일찍이 옛사람의 말을 듣건대, '조강지처는 쫓아내지 아니하고, 가난하고 비천할 때의 친구는 잊어서는 안 된다.'라고 하였습니다. 미천한 아내라고 해서 차마 버릴 수는 없습니다."라고 하였다.

태종대왕이 즉위하였을 때, 당의 사자가 와서 조서(詔書)를 전하였다. 그중에 해독하기 어려운 부분이 있어 왕이 그를 불러 물었다. 왕

앞에서 한 번 보고는 풀어서 설명하는 데 의심이나 막힘이 없었다. 왕이 놀라며 기뻐하더니, 서로의 만남이 늦은 것을 한탄하며 그의 성명을 물었다. (강수가) 대답하길, "신(臣)은 본래 임나가량(任那加良) 사람이며, 이름은 우두(牛頭)입니다."라고 하였다. 왕이 말하길, "경(卿)의 두골을 보니 강수 선생(强首先生)이라고 부를 만하다."라고 하였다.

12세에 유학을 보내 신라의 대학자로 키우다 – 최치원 부친의 자녀교육

최치원은 자(字)가 고운(孤雲) 혹은 해운(海雲)이라 한다. 신라 왕경 사량부(沙梁部) 사람이다. 최치원은 어려서 생각이 면밀하고 민첩하였으며 학문을 좋아하였다. 12세가 되어 장차 배를 타고 당나라에 들어가 학문을 구하고자 하였다.

그 아버지가 말하길, "10년 안에 과거에 급제하지 못하면 내 아들이 아니다. 가서 힘써 공부하라."라고 하였다. 최치원이 당나라에 이르러 스승을 따라 학문을 하는 데 게을리하지 않았다. 중국 당나라 희종 874년에 예부시랑(禮部侍郎) 배찬(裴瓚) 아래에서 단번에 급제하였다. 선주(宣州) 율수현위(溧水縣尉, 강소성 율양현)에 임명되었고, 근무 성과를 평가하여 승무랑(承務郎) 시어사내공봉(侍御史內供奉)으로 삼고 당나라 희종으로부터 자금어대(紫金魚袋)를 하사받았다.

당시에 황소(黃巢)가 반란을 일으키자, 고병(高騈)이 제도행영병마도통(諸道行營兵馬都統)이 되어 토벌하게 되었는데, 이때 최치원을 불러 종사관으로 삼고, 서기의 임무를 맡겼다. 최치원의 표문(表) · 장계

(狀)·서한 등이 고려까지도 전하였다.

나이가 28세에 이르자 고국으로 돌아가 부모를 뵐 뜻이 있었다. 당나라 희종이 이를 알고 885년에 그에게 조서를 가지고 사신으로 가도록 하였다. 신라에 머물러 시독(侍讀) 겸 한림학사(翰林學士)·수병부시랑(守兵部侍郎)·지서서감사(知瑞書監事)가 되었다. 최치원은 스스로 당나라 유학(西學)에서 얻은 것이 많아 신라에 왔을 때 제 뜻을 행하고자 하였으나 신라가 쇠퇴하는 말기여서 의심과 시기가 많아 받아들여지지 않았다.

최치원은 아버지의 가르침에 대하여 다음과 같은 기록을 남겼다.

저는 나이 12세에 집을 나와 중국으로 건너갔는데, 배를 타고 떠날 즈음에 망부(亡父)가 훈계하기를, '앞으로 10년 안에 진사(進士)에 급제하지 못하면 나의 아들이라고 말하지 말라. 나도 아들을 두었다고 말하지 않을 것이다. 가서 부지런히 공부에 힘을 기울여라.'라고 하였습니다.

저는 아버님의 엄한 가르침을 가슴에 새겨 감히 망각하지 않고서 겨를 없이 노력하여 아버님의 뜻에 걸맞게 되기를 소망하였습니다. 그리하여 실로 다른 사람이 백 번 하면 저는 천 번 하는 노력을 한 끝에 중국의 문물을 구경한 지 6년 만에 과거 급제자 명단에 이름을 걸게 되었습니다.

최치원은 신라의 대 유학자로서 '동방 18현'의 한 사람이 되었다.

의주의 꿈 - 정여창 부친의 자녀교육

한국의 전통문화에는 인간 존중이 바탕을 이루고 있다. 인격의 존엄에 관한 생각은 사람의 이름을 공경하는 전통문화를 만들어 냈다. 일두 정여창(鄭汝昌, 1450~1504)은 보기 드물게 당대 동아시아의 저명한 중국 학자와 관련이 있다. 정여창의 부친은 평안북도 의주에 지방 관리인 통판으로 근무하게 되었는데 아들의 문물교육을 위해 어린 아들과 동행하였다. 그 당시 의주에서 있었던 일화는 지금까지 전하고 있는데 아들에 대한 부친의 꿈이 담겨 있는 이야기이다.

다음은 당시 사신으로 조선에 왔던 중국 학자 장녕(張寧, 1426~1496)이 남긴 정여창의 이름과 관련한 내용이다.

선생이 부친 통판공(通判公)을 따라 의주부(義州府)에 이르렀다. 중국 사신 장녕이 마침 의주에 이르렀다가 선생을 보고 기특하게 여겨 한참을 함께 놀아 주었다. 통판공이 이에 이름을 하나 지어 주기를 청하니, 장공(張公)이 여창(汝昌)이라 명명하고 명설(名說)을 지어 주었다. 그 명설에, "의주 통판(義州通判) 정육을(鄭六乙)에게 겨우 여덟 살이 된 아들이 있는데, 영민하고 응대를 잘하여 보통 아이보다 뛰어나니, 참으로 한문공(韓文公)이 이른바 '참으로 사랑스러운' 아이이다. 내가 부사(副使) 무공(武公)과 함께 사행 길에 한번 보고는 모두 경탄하며 흐뭇하게 여겨 데리고 놀면서 차마 두고 떠날 수가 없었다. 이튿날 그 부친이 또 이름을 지어 달라면서 말하기를 '이 아이에게는 아우가 하나 있는데, 지금 여섯 살입니다. 보시고 귀엽거든 함께 지어 주십시오.' 하였다. 그래서 그 근실한 말에 감동하여, 장남을 여창(汝昌)이라 명명하고 차남을 여유(汝裕)라 명명하니, 장차 정씨(鄭氏) 가문을 창성케 하고 그 후손들을 넉넉하게 하기를 바라는 뜻이다. 그러나 사람이 이름을 귀하게 할 수 있는 것이지 이름이 사람을 귀하게 하는 것이 아니다. 그러니 아비 된 자는 모름지기 더욱 잘 가르쳐 길러야 하고, 여창과 여유는 뒷날 학문을 알고 좋아할 나이가 되면 나의 말로 고명사의(顧名思義)를 해야 할 것이다. 이 뜻을 저버리지 말고 소홀히 하지 말라. 천순 4년 봉칙 정사(奉勅正使) 절서(浙西) 장녕은 쓰다."라고 하였다(『일두유집』 2권)

장녕은 16세기 중후반 이미 조선, 중국, 일본 등 동아시아의 국제사회에서 명망 있는 문필가로 이름을 떨쳤다. 정여창은 16세기 동아시아의 국제적 문인으로부터의 축원의 꿈(정씨 가문을 창성케 하라)이 담긴 이름을 받았다. 정여창은 그 후 장성하여 당대의 대표적인 유학자로서 '동방 18현'의 한 사람이 되었다.

율곡 이이의 '소아수지(小兒須知) 17조'

율곡 이이는 아동교육에 관심을 가지고 '소아수지 – 어린이가 반드시 알아야 할 올바른 행동'이라는 17조의 소학 학규를 만들어 사용하였다. 그 내용은 다음과 같다.

- 교훈을 좇지 않고 다른 일에 마음을 쏟거나
- 부모가 명령한 바를 곧 시행하지 않거나

- 손윗사람에게 불경하여 발언을 거칠게 하거나
- 형제가 우애하지 않아 서로 다투거나
- 음식을 서로 다투어 서로 양보하지 않거나
- 다른 아이를 침해하고 업신여겨 서로 싸우거나
- 서로 경계를 받지 아니하고 화를 갑자기 내거나
- 손놀림이 단정치 못하여 소매를 흩트리고 한쪽 발로 기대서거나
- 걸음걸이가 경솔하여 도약하며 건너뛰거나
- 실없는 농담을 좋아하고 웃고 잡담하거나
- 무익하고 관계없는 일을 지어내기 좋아하거나
- 일찍 자고 늦게 일어나고 나태하여 독서를 아니 하거나
- 독서할 때 서로 돌아보며 잡담하거나
- 방심하고 정신이 없고 낮에도 앉아서 졸거나
- 한가한 사람을 대하여 잡담으로 일 벌이기 좋아하거나
- 단점을 숨기고 허물을 감추고 언어가 부실하거나
- 초서를 좋아하고 어지러운 글씨로 종이를 더럽히거나

이상의 규칙을 범한 것이 무거우면 한 번의 위반이라도 벌을 주고, 가벼우면 세 번의 위반에 벌을 주는 것으로 하였다.

이덕무 『사소절(士小節)』의 아동교육

『사소절』은 조선 후기의 실학자 이덕무(李德懋, 1741~1793)가 남긴 저서로, 그 가운데 아동교육에 대한 부분은 「동규(童規)」 편에 실려

있다.

이덕무는 "하늘이 부여한 성품을 조금도 사특하게 하지 말고, 어버이가 주신 몸을 조금도 어긋나게 하지 말라. 한 번 생각하는 데도 법칙이 있고, 한 번 동작하는 데도 규칙이 있다. 너희 의복을 정제하고, 음식을 절제하라. 어려서 준칙이 없으면 자라서 더욱 부정해지기 때문에 '아동교육을 위한 규칙(동규)'을 짓는다고 하였다.

「동규」는 '동지(動止)' '교습(敎習)' '경장(敬長)' '사물(事物)'의 네 항목으로 구성되어 있다.

■ 올바른 행동에 대한 아동교육, '동지'

사내아이의 기상은 영리하되 경솔하지 않고, 순박하되 유약(柔弱)하지 않아야 하며, 되바라지게 똑똑해서는 안 되고, 다만 묵직하여 장래성이 있어야 한다.

사내아이는 흔히 조급하고 부박한 버릇이 있다. 모든 행실이 완전하지 못하고 온갖 일이 견고하지 못한 것은 모두 이것에 연유한 것이다. 그러므로 『주역(周易)』에 '어린아이를 바른 도리로서 양육하는 것이 성인을 만드는 공정이다.' 하였다.

사내아이는 흔히 말을 급하게 하고 걸음을 빠르게 걷는다. 어른은 그것을 보는 대로 금하여 기어이 고치게 하는 것이 옳다. 글을 읽을 때는 문밖에서 비록 퉁소 소리나 북소리가 나더라도 갑자기 일어나 달려가서는 안 된다.

사내아이는 신선한 것을 좋아하는 성벽이 있어, 자신을 아름답게 꾸미려고 한다. 이것은 사치풍조에 빠지기 쉬운 일이니, 부모는 그것을 억제하고 검소한 방법으로 유도하여 그에게 소박한 옷을 입게 해야 한다.

■ 올바른 습관에 대한 아동교육, '교습'

사람이 착하게 되기는 매우 어렵고 악하게 되기는 너무도 쉽다. 그러므로 아이들을 훈계하여 그들에게 좋은 것과 나쁜 것을 밝게 보아서 혹시라도 나쁜 것에 물드는 일이 없게 해야 한다. 망아지는 길들이지 않으면 좋은 말이 될 수 없고, 어린 소나무는 가꾸지 않으면 아름다운 재목을 이룰 수 없다. 그러므로 자식을 두고서 잘 가르치지 않으면 버리는 것과 같다.

예절을 익히는 데는 모름지기 마음을 맑게 하고 생각을 엄숙히 하여, 의절을 살피고 용모를 점검하며, 경홀하거나 태만하지도 말고, 지근덕거리거나 간사하지도 말며, 융통성 없고 촌스럽지도 말며, 태연스러우면서 오활스럽지(사리에 어둡고 세상 물정을 잘 모르는) 말 것이며, 근신하면서 위축하지 말게 해야 한다. 이 같은 방법으로 오래 계속하면 예의가 익숙하고 덕성이 굳건해질 것이다.

■ 손윗사람에 대한 올바른 자세에 관한 아동교육, '경장'

아이에게 반드시 후중하고 근신함을 가르쳐야만 자라서 스승과 벗을 공경히 대할 줄 안다. 그리고 재주가 있더라도 남에게 교만을 부리게 해서는 안 된다. 일찍이 보건대, 재주가 좀 있는 데다 집안이 부귀한 사람은 반드시 남에게 교만을 부려 노소를 구별하지 못하므로 원망과 비방이 집중되고 욕설이 부형에게 미쳤다.

대개 교만은 천박한 데서 생기고 천박은 혼매(사리에 어둡고 어리석어)한

데서 생긴다. 이것은 모두 어릴 때 후중하고 근신함을 가르치지 않아서, 스스로 불효하고 불경한 데 빠지게 된 것이니, 두렵지 않은가?

아이들은 부모의 사랑만을 믿어서 혹 부모의 꾸지람을 순순히 받지 않고 마치 승부를 겨룰 것처럼 기를 쓰고 변명하기도 한다. 만일 그 버릇을 고치지 않고 오래 가게 하면 마침내 불순한 자식이 될 뿐이다.

혹은 아버지를 공경하면서 너무 무서워하고 어머니에게는 사랑하면서 버릇없이 구는 경우가 있는데, 너무 무서워하면 애정이 혹 펴지지 못하고 버릇없이 굴면 공경심이 혹 행해지지 못한다. 그러므로 부모를 섬기는 데는 공경과 사랑을 고르게 해야 한다.

■ 올바른 교양과 생활 자세에 대한 아동교육, '사물'

어린아이는 욕심이 많은 법이니 욕심을 낼 때마다 금해야 좋은 사람이 될 수 있다. 무릇 남의 의복과 기물 등 좋은 물건을 보고서 부러워하지도 말고, 헐뜯지도 말고, 훔치지도 말고, 빼앗지도 말고, 바꾸지도 말고, 감추지도 말게 하며, 자기 물건은 인색하지도 말고, 자랑하지도 말고 남의 것보다 못한 것을 한탄하지도 말게 하라.

밤참은 많이 먹지 말고, 먹은 즉시 눕지 말라. 음식을 먹을 때 부스러기를 혀로 핥아서는 안 되고, 국물을 손가락으로 찍어 먹어서는 안 된다. 그리고 밥 먹을 때에는 크게 웃지 말라.

연암 박지원의 아들에게 보낸 편지

연암 박지원(燕巖 朴趾源, 1737~1805)이 아들에게 보낸 편지는 연암

이 60세가 되어 안의현감으로 있던 1796년(정조 20년) 1월 27일부터 면천군수로 있던 1797년 8월 23일 사이에 작성된 것으로『연암 선생 서간첩(燕巖先生書簡帖)』에 실려 있다.

『연암 선생 서간첩』은『연암집』에는 실리지 않았던 글이다. 1932년 박영철(朴榮喆, 1879~1939)이 박지원의 글을 모아서『연암집』을 펴내자, 연암의 고손인 박기양(朴綺陽, 1876~1941)이 그에게 연암 선생 서간첩을 기증하였고 박영철은 이를 경성제국대학 박물관에 기증하였다. 그 후 『연암 선생 서간첩』의 존재가 세간에 알려지지 않았는데 2005년 서울 대학교 박물관 소장품에서 발굴되어 세상에 알려지게 되었다.

■ 과거 준비를 잘하거라

과거시험 볼 기일이 점차 가까워진다. 지은 것이 몇 수나 되느냐? 또 빨리 지었는데 어려움은 없는 게냐? 제목을 보고 생각에 어려움이 없는 상태에서 시험장에 들어가면 비록 반을 덜어내더라도 능히 답안지를 제 출할 수 있을 것이다. 돈 닷 냥을 보내니 시험 답안을 쓸 종이와 과거시 험 볼 때 소용되는 물건을 마련하면 좋겠구나.

■ 아버지 사랑에 대한 감사의 헌정록 -『과정록』

'과정(過庭)'이라는 말은 '뜰을 지나간다.'는 의미로『논어』의 공자와 그의 아들인 백어(伯魚)의 대화 속에 등장한다. 박지원(朴趾源, 1737~1805)의 아들 박종채(朴宗采, 1780~1835)는 아버지의 일대기를 전기 형식으로 기록하였는데, 그 글의 제목을 '과정록(過庭錄)'이라 하 였다.『과정록』은 아버지의 사랑에 관한 자식의 '감사의 헌정록'이다.

'청빈이 본분'이라는 가르침

"너희가 장차 벼슬하여 녹봉을 받는다고 할지라도 넉넉하게 살 생각은 하지 말라. 우리 집안은 대대로 청빈하였으니, 청빈이 본분이니라(박종채, 1998, p. 210).

세속적 출세나 명예에 빠지지 말라

"나는 너희가 갑자기 과거에 합격해 출세하기를 바라지 않는다. 재주와 학문이 넉넉하지 않은데 세상일까지 복잡하면 홀 자신의 본분을 지키지 못하게 되느니라. 내가 초년에 겪었던 일을 생각하면 두렵기만 하다.' 과거야 뭇사람을 따라 응시해 볼 수도 있는 일이지만, 만약 과거를 단념했다고 해서 고상한 이름을 얻는다면 이 또한 기뻐할 일이 못 된다(박종채, 1998, p. 226).

여덟 글자의 가르침

아버지께서 만년에 병환 중이실 때 붓을 잡아 큰 글자로 '인순고식 구차미봉(因循姑息 苟且彌縫, 낡은 인습에 빠져서 떳떳하지 못하게 임시변통으로 처리하는 자세)'이라는 여덟 글자를 병풍에 쓰셨다. 그리고 말씀하시기를 '천하가 이 여덟 글자로부터 잘못된다.'라고 하셨다(박종채, 1998, p. 228).

다산 정약용의 자녀교육

다산 정약용(1762~1836)은 천주교와 관련되어 강진으로 유배를 갔다. 18년의 유배 생활 동안 그는 많은 저술을 하였는데 후에 154권으로 이루어진 『여유당전서』로 출간되었다. 154권 중 제21권에 다산이 유배지에서 자식들에게 보낸 편지가 있고, 제18권에는 가계(家誡)가 포함되어 있다. 이 가계는 다산의 아내가 시집올 때 입었던 '붉은 치마(하피, 霞帔)'를 유배지로 보내오자, 그것을 다려서 한지에 붙여 첩(帖)을 만들고 그 위에 경계하는 글을 써서 두 아들에게 보낸 것으로 빛바랜 붉은 치마에 썼기에 '하피첩(霞帔帖)'이라고도 부른다. 유배 생활 동안 성장기에 있는 자식들을 만나지 못하였기에 자식들을 가르치고 이끌어 주기 위하여 편지를 보낸 글이라서 큰 의미가 있다. 특히 자기 때문에 폐족이 되어 버린 자식들에게 미안하고 안타까움을 전하면서 지켜야 할 도리, 몸가짐, 친척들과의 관계, 공부하는 법 등에 대하여 상세하게 알려 주는 내용이다. 자식 사랑에 대한 다산의 애정이 고스란히 묻어나는 육성이 담겨 있는 편지이다.

■ "새해를 맞이하면 반드시 그 마음과 행동을 한번 새롭게 다져야 한다." – 18년 유배지에서 아들에게 보낸 편지

학문에도 때가 있다

너는 학문할 수 있는 때가 점점 지나가고 있다. 집안 형편을 보아 마땅히 집을 떠나 유학을 가야 하는데 부녀자들이 큰 뜻을 이해하지 못하고 너를 유학 보내지 않기로 하였을 것이다. 만사 제치고 유학을 하여서 공부하도록 하라. 남에게 베풀라!

이웃 중에 며칠째 밥을 짓지 못하는 집이 있을 때 너희는 곡식을 주어 도와준 적이 있느냐? 겨울에 추워서 떨고 있는 이웃들에게 너희는 땔감을 나누어 주어 따뜻하게 해 준 적이 있느냐? 병들은 환자가 있을 때 너희는 돈을 주어 약을 사 먹고 일어나게 한 적이 있느냐? 우환이 있는 자에게 너희는 근심스러운 표정과 걱정하는 눈빛으로 고통을 함께 나눈 적이 있느냐? 이런 일들을 하지 않았으면서 너희가 어려운 일이 있을 때 남이 도와주기를 바라겠느냐? 내가 남에게 베풀지 않았으면 남이 나에게 베풀어 줄 것을 바라는 것은 오만하기 때문이다.

계획을 세워서 공부하라

군자는 새해를 맞이하면 반드시 그 마음과 행동을 한번 새롭게 다져야 한다. 나는 젊었을 때 새해를 맞을 적마다 반드시 그해에 공부할 것을 미리 정리하였는데 무슨 책을 읽고 어떤 책을 정리하여야 하는가를 정하고 실행하였다.

거짓말은 당초 하지 말라

부모형제나 일가친척 중에 간혹 잘못이 있으면 이것을 어찌 숨길 수 있겠느냐. 다만 평소에 한마디라도 거짓말을 하지 말아야 한다. 나는 세상 사람들을 많이 겪어 보았는데 고관대작들이 한 말을 따져보면 열 마디 중의 일곱 마디는 거짓말이었다.

집안을 다스리는 네 가지 근본

주자가 말하기를 '화합하여 잘 지낸다는 뜻의 화순(和順)은 집안을 바로 다스리는 제가(齊家)의 근본이요, 근검은 집안을 잘 이끌어가는 치가

(治家)의 근본이요, 독서는 기울어져 가는 집안을 다시 일으키는 기가(起家)의 근본이요, 이치를 따르는 순리(順理)는 집안을 보전하는 보가(保家)의 근본이다.'라고 하였으니, 이것이 이른바 집안을 다스리는 네 가지 근본이다.

올바른 독서법

나는 몇 년 전부터 독서에 대하여 제법 많은 것을 알게 되었다. 내가 보건대 책을 그냥 읽기만 하면 하루에 백 번 천 번을 읽어도 읽지 않은 것과 마찬가지이다. 책을 읽을 때는 한 글자를 볼 때마다 그 뜻을 분명하게 알지 못하는 것이 있으면 반드시 널리 고찰하고 자세히 연구해서 그 근본을 터득해야 그 글의 전체를 완전히 이해할 수 있는 것이다. 독서란 항상 이러한 자세로 해야 한다. 그렇게 하면 한 종류의 책을 읽을 때 아울러서 수백 가지의 책을 널리 비교하여 고찰하게 될 것이며, 그렇게 되면 읽고 있는 책의 깊은 의미를 분명히 꿰뚫을 수 있을 것이다.

술맛이란 입술을 적시는 데 있다

참으로 술맛이란 입술을 적시는 데 있는 것이다. 소가 물을 마시듯 마시는 사람들은 입술이나 혀는 적시지도 않고 곧바로 목구멍으로 넘어가니 무슨 맛이 있겠느냐. 술의 정취는 살짝 취하는 데 있는 것이다. 나라를 망치고 가정을 파탄 내는 잘못된 행동은 모두 술로 말미암아 비롯된다. 그러므로 옛날에는 고(觚)라는 술잔을 만들어 절제하였다. 후세에도 그 고라는 술잔을 사용하면서도 제대로 절제하지 않으므로 공자는 '고라는 술잔을 사용하면서도 주량을 조절하지 못한다면 어찌 고라고 할 수 있겠는가?'라고 말씀하였다.

■ 빛바랜 붉은 치마에 그려낸 자녀교육 - 하피첩(霞帔帖)

바람직한 공직 생활과 은퇴의 삶

미관말직에 있을 때는 온 정성을 다하여 부지런히 맡은 일에 힘을 쏟고, 임금의 잘못을 간하고 백관의 비행을 규탄하는 언관의 지위에 있을 때는 모름지기 항상 곧고 바른 의견을 올려서 위로는 임금의 과실을 지적하고, 아래로는 백성들의 고통을 알아야 한다. 때로는 사악한 관리를 찾아내어 제거하되 반드시 지극히 공정한 마음으로 해야 하며, 남의 잘못을 지적할 때는 탐욕스럽고 비루하며 음탕하고 사치스러운 점만을 지적해야지 의리에 치우쳐 자기와 뜻이 같은 사람이면 편을 들고 자기와 뜻이 다른 사람이면 공격해서 함정으로 몰아넣어서는 안 된다.

벼슬에서 해임되면 그날로 고향에 돌아가야 하고, 아무리 친한 친구나 동지가 간절히 만류해도 듣지 말아야 한다. 그리고 집에 있을 때는 책도 읽고 예도 익히면서 틈틈이 꽃과 채소를 가꾸기도 하고, 샘물을 길어다가 연못도 만들고, 돌을 쌓아 동산도 만들며 지내면 된다. 그렇게 지내다가 혹 군이나 현의 수령으로 나가게 되면 자애롭고 어질며 청렴결백하게 다스려 아전과 백성 모두가 편안하게 하며, 혹 나라에서 큰일을 당하게 되면 쉽고 어려운 일을 가리지 말고 죽음을 무릅쓰고 절개를 지켜 최선을 다해야 한다.

어려운 이웃에게 재물을 베풀라

세상의 옷과 음식, 재화, 재물은 모두 부질없는 것들이다. 옷은 입으면 헤지기 마련이고, 음식은 먹으면 썩기 마련이며, 재물은 자손에게 전해 주어도 끝내는 탕진되어 없어지고 마는 것이다. 다만 한 가지, 가난한 친구나 이웃에게 누어 주는 것은 영구히 없어지지 않는 것이다.

남을 도와주었을 경우라도 절대로 마음속에 보답을 기대해서는 안된다. 앞으로 너희가 우환이 있더라도 저들이 도와주지 않는다고 욕하지 말라. 너그러운 마음으로 저 사람이 어려운 사정이 있어서 그럴 것이거나 힘이 미치지 못하기 때문일 것이라 여기라. 그리고 절대로 '나는 이렇게 해 주었는데 저 사람은 저렇게 한다.'라고 말하지 말라. 그렇게 말하면 그동안 쌓아놓은 공덕이 하루아침에 재가 되어 버릴 것이다.

재물은 옳은 방법으로 모으라

권세 있는 요직의 관리들에게 접근하여 인연을 맺고 청탁하여 더러운 찌꺼기나 빨아먹고 무뢰한들과 결탁하여 시골의 어리석은 사람들을 속여서 뇌물이나 뜯어내는 것은 제일 나쁜 일이다. 이는 욕을 먹고 질책받아 명예를 떨어뜨리게 되고, 나아가 법을 어겨 벌을 받게 된다. 옳지 못한 방법으로 모은 재산은 오래 지키지 못한다.

용기를 갖고 노력하면 소원을 이룬다

용(勇)이란 삼덕(三德)인 지(智), 인(仁), 용(勇)의 하나이다. 성인이 만물의 뜻을 깨달아 모든 일을 이루고 천지를 다스리는 것은 모두 용으로 하는 것이다. 중국 고대의 천자인 순임금은 어떤 사람인가. 나도 순임금처럼 하면 그와 같이 된다. 이렇게 말하는 것이 바로 용이다. 세상을 다스리는 학문을 하고 싶은 사람은, "주공(周公)은 어떤 사람인가. 나도 주공처럼 하면 그와 같이 된다."라고 하면 된다. 뛰어난 문장가가 되고 싶은 사람은, "유향과 한유는 어떤 사람인가. 나도 그들처럼 하면 그와 같이 된다."라고 하면 된다. 명필이 되고 싶은 사람은, "중국 진나라의 유명한 서예가 왕희지와 왕헌지는 어떤 사람인가. 나도 그들처럼 하면 그와 같이 된다."라고 하면 된다. 부자가 되고 싶은 사람은, "중국 춘추전국 시대 월나라 부자인 도주공으로부터 부자가 되는 방법을 배워 부자가 된 노나라 의돈은 어떤 사람인가. 나도 그처럼 하면 그와 같이 된다."라고 하면 된다. 한 가지 소원이 있으면 어떤 사람을 목표로 정해 그 사람과 동등한 경지에 이르고서야 그만두겠다고 결심하고 용기를 갖고 노력하면 이를 수 있으니, 이것이야말로 용의 덕이라고 할 수 있는 것이다.

긴 안목으로 높은 기상을 가지라

중국 북송 시대의 시인 소동파는 이렇게 말했다. '속된 눈으로 보면 너무 낮고 하늘을 통하는 눈으로 보면 한 없이 높은 것이다.' 장수하고 단명함이 종이 한 장 차이이고 죽고 사는 것이 매일반이라고 여겼으니, 그가 보는 눈은 너무 높은 데 있었다. 요컨대 꼭 알아야 할 것은 아침에 햇볕을 먼저 받는 곳은 저녁때 그늘이 먼저 지고, 일찍 피는 꽃은 그 시듦도 빠르다는 진리이다. 운명은 돌고 돌아 한 시각도 멈추지 않는 것이니 이 세상에 뜻이 있는 사람은 한때의 재난 때문에 청운의 뜻까지 꺾여서는 안 된다. 대장부 가슴속에는 가을 매가 하늘을 치솟는 기상을 지녀야 하고, 천지가 눈 안에 있어야 하고, 우주도 손바닥 안에 있다고 생각하고 있어야 한다.

말하고 행동하고 글쓰기 전에 먼저 깊이 생각하라

남이 알지 못하도록 하고 싶으면 그 행위를 하지 않는 것보다 더 좋은 것이 없고, 남이 듣지 못하도록 하고 싶으면 그 말을 하지 않는 것보다 더 좋은 것은 없다. 이 두 구절의 말을 평생 몸에 지니고 외운다면 위로는 하늘을 섬길 수 있고 아래로는 집안을 보존할 수 있다. 세상의 모든 재난과 우환, 천지를 흔들며 사람을 죽이고 가문을 뒤엎는 죄악은 모두 비밀리에 하는 일에서 빚어지는 것이니 행동할 때와 말할 때는 먼저 깊이 생각해야 한다.

편지 한 장을 쓸 때마다 반드시 두 번 세 번 읽어 가면서, '이 편지가 사거리의 번화가에 떨어져 있어 원수진 사람이 읽어 보더라도 나에게 잘못이 없을 것인가.'라고 생각하고, '이 편지가 수 백 년 뒤까지 전해져서 안목 있는 어떤 사람이 보더라도 나에게 비난이 없을 것인가.'라고 생각한 뒤에 봉함해야 하니, 이것이 군자가 근신하는 태도이다. 나는 젊은 시절에 글씨를 빨리 썼기 때문에 이 원칙을 많이 어겼다. 그러나 중년에는 재앙이 두려워 점차로 이 원칙을 지켰더니 많은 도움이 되었다. 너희는 이 점을 명심하여라.

호연지기의 마음으로 인간답게 사는 것이 행복한 삶이다

중국 송나라 때 학자인 육구연은 이렇게 말했다.

"우주 공간의 일이란 바로 자기 분수 안의 일이요, 자기 분수 안의 일이 바로 우주 공간의 일이다." 대장부라면 하루라도 이러한 생각이 없어서는 안 된다. 우리 인간의 본분이란 역시 아무렇게나 허송세월할 수는 없는 것이다. 사대부의 마음가짐이란 넓고 쾌활하여 털끝만큼도 가린 곳이 없어야 한다. 무릇 하늘에게 부끄럽고 사람에게 부끄러운 일을 조금도 범하지 않으면 자연히 마음이 넓어지고 몸이 건강해져 호연지기가 절로 나오게 되는 것이다. 만일 포목 몇 자, 동전 몇 닢 때문에 잠깐이라도 양심을 저버리는 일이 있으면 그 즉시 호연지기가 없어지는 것이다. 그러니 인간다운 인간이 되느냐 안 되느냐 하는 중요한 요소가 되는 것이므로 너희는 그렇게 되지 않도록 주의하라."

2. 중국에서의 자녀교육

공자의 자녀교육

공자의 자녀교육에 대한 일화는 『논어』에 단 한 번 보인다.

진항(陳亢)이 공자의 아들인 백어(伯魚)에게 물었다. "그대는 아버지에게서 특별한 가르침을 받은 적이 있는가?" 백어가 대답하였다. "없었다. 언젠가 아버지께서 홀로 서 계실 때 내가 종종걸음으로 뜰을 지나가는데, 시(詩)를 배웠느냐고 물으시기에, '아직 배우지 못하였습니다.'라고 대답하였더니, '시를 배우지 않으면 남과 말할 수가 없다.'고 하시므로, 내가 물러나 시를 배웠다. 다른 날 또 홀로 서 계실 때 내가 종종걸음으로 뜰을 지나가는데, '예(禮)를 배웠느냐?' 하고 물으시기에, '아직 배우지 못하였습니다.'라고 대답하였더니, '예를 배우지 않으면 설 수가 없다.'라고 하시므로, 내가 물러나 예를 배웠다.

진항(陳亢)이 물러 나와 기뻐하면서 말하였다. "하나를 물어서 세 가지를 얻었으니, 시를 들었고 예를 들었고 또 군자(君子)가 자기 아들이라 하여 특별하게 대하지 않는다는 사실을 알았다."

이 일화에서 우리는 두 가지 사실을 확인할 수 있다. 첫째는, 기록이 남아 있지 않아 확인할 수는 없으나 공자도 직접 자녀교육에 남다른 내용을 부여하지 않았다는 것이다. 다른 하나는 자녀교육에 있어서 '시'와 '예'를 중시하였다는 것이다. 왜 '시'와 '예'일까? 인간다운 심성과 올바른 자세를 닦는 데에 '시'와 '예'가 가장 절실하다고 생각한 것으로 보인다. '시'를 배우면 사리가 통해지고 마음이 편안해지고 다른 사람과 소통을 잘할 수 있기 때문이다. '예'를 배우면 올바른 행동의 절도에 자세하고 밝아져서 덕성이 굳게 정해진다. 그러므로 주관을 갖고 올바른 행동을 할 수 있기 때문이다.

『논어』에는 공자가 자녀교육에 대해 말한 내용이 있다.

집에 들어가서는 효도하고
나와서는 공손하며,
행실을 삼가고
말을 성실하게 하며,
널리 사람들을 사랑하되
어진 사람들과 친해야 하니,

이러한 것들을 행하고 남은 힘이 있으면 글을 배워야 한다.

(『논어』 「학이」 6장)

『논어』에 보이는 공자의 자녀교육은 인성 함양과 실천에 중점이 놓여 있으며, 학업은 그다음이다. "남은 힘이 있으면 글을 배워야 한다."라고 강조하였으니, 공부를 경시한 것은 아니다. 공자는 자녀교육에 있어 '인성이 우선이다.'라는 명제를 남겼다.

안씨가의 자녀교육 - 『안씨가훈(顔氏家訓)』

『안씨가훈』은 중국 북제의 안지추(顔之推, 531~591년)가 저술한 가훈으로 아들과 손자들에 관한 훈계의 책이다. 『안씨가훈』의 정확한 집필 연도는 분명하지 않으나 590년대에 지어진 것으로 유추된다.

『안씨가훈』은 가족의 도덕을 중시하고, 교양·학문·사상·신앙에서부터 생활 태도, 언어, 예능, 처세법과 교제술에 이르기까지 안지추 스스로의 구체적인 체험담과 사례를 꼽아 세세하게 가르치고 있다. 안지추의 가정교육 이상은 조화와 보수를 중시하며, 시세의 영향을 받지 않는 생활 태도에 놓여 있었다. 후대에 중국과 한국에서 『가훈』이라고 하면, 일반적으로 『안씨가훈』을 가리킨다(이하 『안씨가훈』의 내용은 전통문화연구회의 동양고전종합DB 『안씨가훈』에서 인용하였음을 밝혀 둔다).

『안씨가훈』의 집필 목적과 안지추의 성장 과정에 관해 안지추는 아들과 손자에게 옛날이야기 들려주듯이 말하였다.

■ 『안씨가훈』 집필 목적

대저 성현이 남기신 글은 사람들에게 충성과 효도를 가르치신 것이니, 말을 삼가고 몸가짐을 단속하여서 한 몸을 내세우고 그 이름을 떨치라 하신 가르침 또한 이미 갖추고 있다. 하지만 위진(魏·晉) 이래 쓰인 여러 학자의 저술은 도리가 중복되고 내용도 되풀이되는 것이 서로 베껴 모방해 마치 지붕 아래에 또 지붕을 내고, 침상 위에 다시 침상을 편 것 같다. 내가 이제 다시금 이런 책을 짓는 까닭은 감히 사물에 법도를 세우고 세상에 모범을 보이기 위해서가 아니라, 오로지 집안을 바로잡고 자손을 이끌고 타이르는 일을 하기 위해서이다.

무릇 똑같이 말하더라도 친한 사람의 말은 미덥고, 똑같이 명령하더라도 따르던 사람의 명령을 행하기 마련이다. 아이의 심한 장난을 그치도록 하는 데에는 스승의 훈계보다 평소 돌보던 여종의 이끎이 낫고, 평범한 사람들의 형제간 다툼을 그치게 하는 데에는 요순(堯舜 – 중국 고대에 덕으로 천하를 다스리던 요임금과 순임금)의 도리보다 아내의 달램이 낫다.

이 책이 너희에게 여종이나 아내보다 지혜로운 것으로 미덥게 여겨지기를 바란다.

■ 『안씨가훈』의 이야기

유아교육이 중요하다

뛰어난 지혜를 가진 이는 가르치지 않아도 이름이 있고, 극히 어리석은 이는 가르친들 나아질 것이 없지만, 보통 사람은 가르치지 않으면 알지 못한다.

옛날 성왕에게는 태교의 법도가 있어 (왕비가) 잉태한 지 석 달이 되면 별궁에 나가 거처하는데, 눈으로는 사특한 것을 보지 않았고 귀로는 망령된 소리를 듣지 않았으며, 음악과 음식도 예법에 따라 그것들을 절제하였다.

일반 서민들은 설사 이렇게까지 할 수가 없더라도, 어린아이가 남의 안색을 보고 기뻐하는지, 화내는지를 알아챌 정도가 되면 곧 가르치기 시작하여, 하라고 시켜서 하고, 하지 말라고 시켜서 하지 않으면, 아동기 이후에 이르러 회초리로 벌을 주지 않아도 될 것이다. 부모가 위엄을 보이되 자애로워야 자식들이 어려워하고 삼가는 가운데에 효심이 생겨난다. 내가 세상을 보건대 자식을 가르치지는 않고 애지중지하기만 하여 매양 그렇지 못하다.

음식을 먹거나 몸을 움직임에 마음대로 하도록 방임하며 마땅히 훈계해야 할 터인데 도리어 이를 부추기고, 응당 꾸짖어야 할 터인데 오히려 웃어넘기니, 분별력이 생길 즈음이 되어서도 으레 그리하는 것이 옳은 줄로만 여기게 된다.

교만이 이미 몸에 밴 다음 그제야 다시 버릇을 잡는다고 죽어라 회초리를 때린들 위엄도 서지 않고, 노여움을 날로 일으킨들 (아이들의) 원망만 쌓일 뿐이니 장성한 다음에는 마침내 패륜아가 되어 버리고 만다.

공자께서 말씀하시기를 "어려서 이룬 것은 천성과 같으며, 습관은 타고난 것과 같다."라고 하셨으니 옳으시다.

편애하지 말라

부모들이 자식을 사랑하나 (못난 자식까지도) 골고루 사랑할 수가 있었던 부모는 드물어서, 예로부터 지금껏 이로 인한 폐해들이 많았다. 똑똑하고 잘난 자식이야 자연스레 사랑을 베풀겠거니와, 어리석은 자식 역시 긍휼히 여겨 어여삐 해야 한다. 편애하게 되면 설사 그에게 두터운 사랑을 베풀고자 하였더라도 도리어 이것이 그를 재앙에 빠뜨리는 원인이 된다.

자식의 못난 점은 고쳐 주고, 자식 자랑은 삼가라

양(梁)나라의 대사마 왕승변(王僧辯)의 어머니 위부인(魏夫人)은 성품이 매우 엄격하고도 단정하였다. 왕승변이 분성(湓城)에 있을 때 휘하에 3,000명을 거느린 장수로서 나이가 마흔이 넘었건만 조금이라도 어머니의 뜻에 어긋나기만 하면 여전히 회초리를 들었으니, 이 때문에 그는 공훈을 이룰 수 있었다.

양(梁)나라 원제(元帝) 때의 어떤 학사(學士)는 총명하고 재주가 있어 아버지에게 총애받았으나 아버지가 올바른 도리를 가르치는 데에는 실패하였다. 어쩌다 자식이 옳은 말이라도 한마디 하면 낯선 사람들에게까지 두루 알리고 한 해가 다 가도록 자랑하다가, 잘못을 저지르면 이를 감추고 변명해 주면서 스스로 고치기만 바랐다. 결혼하고 벼슬할 나이가 되자 포악하고 교만함이 날로 심해져 마침내 말을 가리지 않고 내뱉다가 주적(周逖)에게 창자가 뽑히고 피가 북에 발라졌다고 한다.

자녀교육은 부모보다는 다른 사람이 하는 것이 좋다

누군가가 묻기를 "진항(陳亢)이 '군자는 자식을 멀리하신다는 것을 들었다.' 하고 기뻐하였다는 것은 무엇을 말하는 것입니까?"라고 하기에, 대답하기를 "그렇습니다. 옳은 말입니다. 대개 군자는 그의 자식을 직접 가르치지는 않는다는 것이지요. 『시경』에는 음란하고 불온한 행위를 풍자하고 비판하는 시구들이 있고, 『예기』에는 피하고 꺼려야 할 일들에 대한 훈계가 담겨 있으며, 『서경』에는 도리에 어긋나고 인륜을 어지럽히는 사실들이 기록되어 있고, 『춘추』에는 품행이 단정치 못한 사람들에 대한 비난이 담겨 있으며, 『주역』에는 만물을 낳는 음양의 이치를 함축한 괘상(卦象 – 길흉을 나타내는 상)이 갖추어져 있지요. 이 모두가 부자지간에 말로써 소통할 만한 것이 아니니, 이 때문에 직접 가르치지 않는 것이지요."라고 대답하였다.

주자의 아동교육 - 『동몽수지(童蒙須知)』

중국 송나라 때 주자(朱子, 1130~1200)가 아동의 교육을 위해 지은 책이다. 『동몽수지』는 옷 입는 법, 관을 쓰는 법, 신발 신는 법에 관한 「의복관구(衣服冠屨)」, 올바르게 말하는 자세와 걸음걸이에 관한 「언어보추(言語步趨)」, 청소하고 청결하게 생활하는 방법에 관한 「쇄소연결(灑掃涓潔)」, 올바른 독서 습관과 글쓰기에 관한 「독서문자(讀書文字)」, 일상생활에서 지켜야 할 일들에 관한 「잡세사의(雜細事宜)」로 구성되어 있다.

이 책에서 주자는 의복과 갓, 신을 갖추는 일, 올바른 언어와 걸음걸이, 주변 정리, 청소, 책 읽기, 글자 쓰기 등과 일상생활의 조그마한 일까지 상세하게 기술하였다. 또 몸 닦기, 마음 다스리기, 부모 섬기기, 일 처리, 올바른 판단력 기르기 등도 강조하였다.

올바른 독서의 자세에 대해서는 친절한 설명을 남겨 놓았는데, 책상을 정돈하기, 책 똑바로 놓기, 바른 자세로 책 읽기, 독서할 때는 생각하며 천천히 읽고 한 글자 한 글자의 의미를 잘 파악할 것, 반복해서 읽을 것을 말하였다. 독서에는 마음을 집중하여 읽는 심도(心到)가 있고, 눈으로 읽는 안도(眼到)가 있고, 입으로 읽는 구도(口到)의 삼도(三到)가 있는데, 이 가운데 '심도'가 그중 으뜸이라고 하였다.

3. 서양에서의 자녀교육

케네디가의 자녀교육

미국의 제35대 대통령이 된 케네디 가문의 역사는 아일랜드의 가난한 농부의 3남으로 태어난 페트릭 케네디가 스물두 살 때 미국으로 이민을 가면서 시작되었다. 이민을 간 이유는 아일랜드의 흉년으로 기근이 심해지고 영국의 지배를 받고 있는 아일랜드에서는 희망이 없다고 판단하였기 때문이다. 보스턴에 정착한 페트릭은 위스키 통을 만들어 팔았으나 가난을 벗어나지 못한 채 외아들 조지프 페트릭과 세 딸을 남겨두고 일찍 세상을 떠났다. 조지프는 노동하여 번 돈으로 술집을 경영하면서 그 지역의 아일랜드 이민 사회의 발전에 공헌하여 주의회 하원의원에 당선되었다. 이렇게 해서 케네디 대통령의 할아버지 때부터 정계에 입문하게 된 것이다. 조지프는 아일랜드계로서 하원의원과 보스턴 시장을 역임한 존 프란시스 피츠제럴드와 사돈을 맺게 된다. 외할아버지가 된 존 프란시스 피츠제럴드는 외손자가 태어나자 큰 인물의 정치가가 되기를 바라는 마음으로 자신의 이름을 물려주면서 외손자의 이름을 J. F. 케네디(존 피츠제럴드 케네디)로 지어 주었다고 한다.

케네디의 할아버지인 조지프 페트릭은 미국 사회에서 대접받기 위해서 무엇이든 1등 하기를 원하였으며, 특히 아일랜드인을 무시하는 영국인들을 반드시 이겨야 한다고 가르쳤다. 그의 아들은 아버지의 뜻대로 하버드 대학교에 입학하였으며, 졸업 후 3년 만에 은행장이 되었다. 영국계 출신의 금융인들이 장악한 보스턴에서 영화 사업과 경마장 사업, 부동산 사업으로 30대에 재벌의 위치에 올랐다. 그리고 보스턴 시장의 딸인 로즈와 결혼하여 J. F. 케네디를 낳았다. J. F. 케네디의 아버지는 사업 때문에 바쁘면서도 자녀들과 자주 대화를 나누었고 출장 중에도 전화로 9남매와 교대로 통화하였다고 한다.

4남 5녀를 낳은 어머니 로즈는 식탁을 자녀교육의 매우 중요한 장으로 활용하였다. 식탁에서 그날의 일들과 여러 이야기를 나누면서 인성교육을 하였으며, 특히 『뉴욕타임스』에 나온 내용을 중심으로 대화를 나누었고, 식사 시간을 어기는 것을 허락하지 않아서 약속을 습관화하는 교육을 실행하였다.

우리나라에서도 옛날에 어른들과 식사를 같이하면서 식사 예절뿐 아니라 예의를 배우는 풍습이 있었다. 한때 밥상머리 교육이라 해서

회자된 바 있다. 동서고금을 막론하고 밥상머리 교육은 가정교육의 기본으로 보았기 때문에 케네디 가문에서는 밥상머리 교육을 실천한 것이다. 식탁에서의 대화와 토론 경험이 닉슨과의 대통령 후보 TV 토론에서 빛을 발휘하였다는 이야기도 있다.

조지프 케네디의 장남은 제2차 세계대전에서 조종사로 참전하여 전사하였지만, 차남인 J. F. 케네디는 미국 대통령이 되었고, 3남인 로버트 케네디는 법무부 장관, 4남인 에드워드 케네디는 상원의원이 되었다. 조지프 케네디는 '인간 성공의 척도는 돈이 아니고, 그가 만드는 가문의 종류이다.'라는 말을 남겼을 정도로 훌륭한 가문을 만들려고 자녀교육에 많은 투자를 하였다. 조지프 케네디와 아들들이 모두 하버드 대학교를 졸업한 것도 남들에게 무시당하지 않으면서 좋은 인맥을 형성하는 데 큰 도움이 되었고, 후에 하버드 대학교의 공공정책 대학원의 이름을 케네디스쿨이라고 붙일 만큼 그들의 영향력이 컸다고 할 수 있다.

특히 엄마인 로즈는 9남매의 육아일기를 쓰면서 키웠다고 한다. 로즈는 '나는 위대한 책의 작가나 걸작을 남긴 화가보다는 아들, 딸을 둔 어머니로 알려지고 싶다.'고 자서전에 쓰고 있으며 실제로 아이들의 각자 파일에 주사 맞기, 충치 치료, 신발 크기, 성적 등 아이들과 관련된 자료를 빠짐없이 적어 놓았다. 규칙을 정해 놓고 아이들이 그것을 어겼을 때는 어김없이 회초리를 들었다고 한다. 손바닥이나 엉덩이를 몇 번 맞고 나면 '회초리'란 말만 해도 아이들의 행동에 좋은 효과가 나타나기 때문이라 하였다. 또한 로즈는 아이들의 재능이 각기 다르다는 사실을 인정하고 각자가 지닌 장점에 맞게 맞춤형 교육을 하였다. 특히 장남의 교육에 심혈을 기울였다. 장남이 잘하면 동생들이 따라 할 거라고 판단한 것이다. 아버지가 집을 비울 수밖에 없는 상황일 때 로즈는 남편의 허락을 받아 큰아들에게 아버지를 대리할 권한을 주었다. 이를 통해 로즈는 아이들에게 책임감과 함께 심리적 안정감을 심어 주려고 노력했다.

로즈는 언제나 활기 넘치는 가정의 체계를 잡기 위해서 게시판에 시간표를 붙여 놓는가 하면, 좋은 글이 있으면 오려서 핀으로 꽂아 두었다. 또 선수들을 고용해 아이들에게 테니스와 수영, 요트, 축구 등 다양한 스포츠를 교습시켰다. "케네디가 사람들은 울지 않는다. 케네디가 사람들은 반드시 이겨야 한다."라는 아버지의 가르침을 따르게 하기 위해서였다. 그렇지만 케네디의 어머니는 아이들에게 패배한 사람들의 마음도 헤아려 주어야 한다고 가르쳤다.

케네디는 훗날 전기를 쓰는 작가에게 "아버지가 우리에게 불꽃 같은 존재였다면 어머니는 삶의 빛이었다. 아버지는 우리가 가장 좋아하는 인물이었고, 어머니는 우리에게 가장 훌륭한 선생님이었다."라고 말했다.

■ **케네디 가문의 자녀교육 10훈**(최효찬, 2006).

  1. 아이의 육아일기와 독서록을 만들며 철저히 점검한다.

  2. 시간 약속을 지키는 습관을 길러 준다.

  3. 아버지는 사업상 일어난 일들을 아이들에게 자주 들려준다.

  4. 밥을 먹으면서 자연스럽게 토론할 수 있는 분위기를 만든다.

  5. '일등을 하면 무시당하지 않는다.'는 세상의 법칙을 가르친다.

6. 어려움에 처할 때는 아이의 편에서 해결해 준다.

7. 명문대학에 진학해 최고의 인맥 네트워크를 쌓게 한다.

8. 처음에는 서툴러도 열심히 반복하면 최고가 될 수 있다고 가르친다.

9. 목표는 크게 정하되 서둘지 말고 단계적으로 실현하도록 지도한다.

10. 부모형제끼리 화합하고 서로 자기 일처럼 챙기게 한다.

발렌베리가의 자녀교육

스웨덴의 발렌베리 가문은 현재 스웨덴 GDP의 30% 이상을 차지하며 스웨덴 경제에 중차대한 역할을 담당하고 있을 뿐만 아니라, 스웨덴의 자긍심이라 불릴 만큼 국민의 많은 사랑과 존경을 받고 있다. 160여 년간 5대에 걸쳐 철저한 가족경영을 고수하면서도 불미스러운 사건이나 재산 분쟁이 없는 명망 높은 가문이다. 발렌베리그룹을 세계적인 기업으로 만든 안드레 오스카 발렌베리(1816~1886)는 목사 아버지와 부유한 상인 집안 출신인 어머니 사이에서 태어났다.

그는 어렸을 때부터 아버지의 말씀을 듣고 함께 이야기를 나누었으며, 할아버지 마쿠스 발렌베리 주니어는 발렌베리의 실질적인 선생님으로서 집에서나 회사에서나 그룹이 당면한 문제와 함께 살았다고 한다. 휴가 때 요트를 타거나 사냥을 나갈 때도 그룹의 핵심 인사들은 늘 할아버지를 따라다녔다. 어릴 때부터 사업에 관한 이야기를 많이 들었으며 전문경영자로 살아가는 데 필요한 훈련을 받았다.

이런 배경으로 인해 그는 할아버지처럼 무역선을 타고 세계를 다니고 싶어 해군사관학교에 입학하였다. 해군사관학교에 입학한 후 친구들과 바다에 나갔다가 배가 침몰하여 모두 죽고 혼자만 살아남아 그는 심리적 고통이 매우 컸다고 한다. 이후 해군 장교로서 여러 어려움이 있어 미국 보스턴으로 간다. 그는 보스턴에서 인생을 설계하다 금융업에 관심을 가지고 은행가로서 살아가기로 결심한다.

2년의 미국 생활을 정리하고 스웨덴으로 돌아와 금융업을 준비하는 중에 다시 해군에 복직하여 30세에 스웨덴 최초 증기선의 선장으로 임명된 데 이어 34세에 스웨덴 중부의 해군 책임자로 선임되었다. 이후 예편을 하고 부유한 집안의 딸인 어머니가 받은 유산을 맡아 관리하면서 발생하는 이자를 어머니에게 주었는데 어머니가 상류층 부인들을 소개하면서 1856년에 스웨덴 최초 민간은행인 스톡홀롬엔스킬다(SEB) 은행을 설립하였다.

발렌베리 가문은 금융업으로 출발하여 전자, 트럭, 의료장비, 제지, 산업공구, 베어링, 원자력, 항공기, 정보산업 등 11개 핵심 업체를 보유한 재벌로 성장하였다. 100여 개의 회사들을 가지고 있으나 회사명들은 에릭슨(통신 기기), 일렉트로룩스(가전), ABB(중전기), 샤브(SAAB – 항공기), 스카니아(상용차) 등으로 발렌베리라는 이름이나 통일된 그룹 로고는 전혀 사용하지 않는다. 그 이유는 철저하게 자회사들을 독립적으로 경영하고 있으며, 회사 경영은 전문경영인에게 맡겼기 때문이다. 발렌베리 가문이 이렇게 많은 기업을 보유하고 국가 경제발전에 이바지하였기 때문에 유명하기도 하지만 그보다 더 훌륭한 것은 국가와 사회에 공헌하였기 때문이다.

창업자인 안드레 오스카 발렌베리의 아들인 크누트는 1917년 자신의 전 재산을 기부하여 크누트 앤 앨리스 발렌베리 재단을 설립하였다. 그는 이 재단을 통해 스톡홀름 경제대학을 설립하고 도서관을 짓는 공익사업과 과학기술 분야를 후원하는 데 앞장섰다. 특히 기초 과학기술 연구를 적극 지원해서 스웨덴 노벨상 수상자를 내는 데 크게 이바지하였다.

이런 배경에는 발렌베리 가문의 독특한 가정교육이 있다. 발렌베리 가문을 말함에 "존재하되 드러내지 않는다(Esse non videri)."라는 말이 자주 거론된다. 이는 발렌베리 가문의 정신으로 발렌베리 사람들은 이 원칙을 철칙으로 지키고, 또한 현재까지 계승해 오고 있다. 이는 단순히 기업경영과 사회적인 참여와 역할에만 국한된 것은 아니다. 발렌베리 가문은 스스로를 가문이라 칭하지 않을 만큼 대중의 주목을 받지 않으려 했다. 그런 이유로 우리가 발렌베리 가문의 특정 인물의 이름을 알지 못한다.

또한 기업인으로서 그들의 사회적인 역할을 수행하였다. 발렌베리 가문이 제2차 세계대전에서 헝가리 유대인들을 구하는 등 큰 활약을 하고, 또한 EU 가입 문제를 최초로 스웨덴 사회에 제기하고 이를 위해 다각도의 노력을 기울였다는 사실들은 익히 알려진 사실이다.

발렌베리 가문에서는 해군 장교 복무, 명문대학 졸업, 해외 유학, 국제 금융회사 취업, 폭넓은 인맥 네트워크 등을 필수 조건으로 하였으며, 경영자에게 요구되는 덕목으로 열정, 리더십, 애국심, 도덕성을 강조하였다. 이를 통하여 자기 절제와 극기력을 키웠으며, 높은 신분에 맞는 도덕적 의무인 '노블레스 오블리주'를 실천하게 하였다. 또한 '존재하지만 드러내지 않는다.'라는 가르침을 통하여 대중의 시선 밖에서 머물게 하였다.

발렌베리 가문의 특징으로는 어릴 때부터 할아버지가 매주 일요일 아침마다 손자·손녀들과 함께 숲을 걸으면서 선조들의 위대한 업적을 들려주었다고 한다. 그리고 손님이 찾아오면 그 자리에 손자들을 들어오게 하여 어른들의 말씀도 듣고 어른들의 문화도 엿보고 익히도록 하였다. '아이는 어른의 등을 보고 배운다.'라는 격언을 실천한 셈이다. 발렌베리 가문은 집안 어른들이 아이들의 벗이자 스승으로서 그들의 지혜와 경험을 전달하고자 노력하였다.

이러한 과정을 통해 형성되는 국제적인 지식과 경험, 그리고 인적 네트워크는 기업 경영은 물론, 발렌베리 가문의 후손들이 다양한 영역에서 활동하는 데 큰 바탕이 되었다. 발렌베리 2세대인 마쿠스 시니어는 국제연맹(현 국제연합)의 금융위원회 위원장을 지냈으며, 그의 아들 마쿠스 주니어는 경제협력개발기구(OECD) 산업자문위원회 초대 위원장과 국제상공회의소(ICC) 회장을 지낸 것으로 유명하다.

발렌베리그룹은 발렌베리 가문이 주인으로 5대에 걸쳐 160년간 이어져 내려오고 있는데, 그들의 성공 철학은 철저한 자녀교육에 있다고 보고 있다(최효찬, 2006).

■ **발렌베리 그룹의 자녀교육**

1. 존재하되 드러내지 않는다.
2. 해군 장교로 복무한다.
3. 명문대학교를 졸업해야 한다.
4. 국제적인 인맥 네트워크를 가지라.
5. 대대로 내려오는 원칙을 공유하고 중시하라.

6. 돈은 벌면 사회에 기부하라.

7. 일요일마다 자녀들과 산책하며 함께 시간을 보내라.

8. 형제간 옷을 대물림하며 검소한 생활을 몸에 익히라.

9. 할아버지가 손자의 스승이 되어 지혜를 전하라(격대교육).

10. 애국심을 가지라.

다윈가의 자녀교육

찰스 다윈(Charles Robert Darwin, 1809~182)은 1809년 2월 12일 영국 슈루즈베리(Shrewsbury)에서 아버지 로버트 워링 다윈과 어머니 수잔 사이에서 2남 4녀 중 다섯째이며, 둘째 아들로 태어났다. 할아버지인 에라무스 다윈과 아버지인 로버트 다윈 모두 의사였으며, 할아버지는 진화론에 관심이 있었다. 그는 명의로서 이름이 알려져 조지 3세가 왕의 주치의로 부임할 것을 요청하였으나 거절하고, 그가 살고 있는 리치필드에서 의료활동을 하면서 발성기와 복사기 등의 발명품을 고안하였다. 다윈이 8세 때 어머니가 돌아가셔서 누나들이 다윈을 돌보았으며 아버지가 나무라지 않고 신앙적 믿음에서 자라게 하였다.

다윈은 생물의 모든 종이 공통의 조상으로부터 이어졌다고 보고, 앨프리드 러셀 월리스와 공동 논문을 썼다. 그는 논문을 통해 인위적이고 선택적인 교배와 비슷한 현상이 생존경쟁을 거쳐 이루어진다는 자연 선택(natural selection)을 소개하였다. 다윈이 쓴『종의 기원』은 생물의 진화론을 내세워 코페르니쿠스의 지동설만큼이나 세상을 놀라게 하였다. 당시 지배적이었던 창조설, 즉 지구상의 모든 생물체는 신의 뜻에 의해 창조되고 지배된다는 신중심주의 학설을 뒤집고 새로운 시대를 열어, 인류의 자연 및 정신문명에 커다란 발전을 가져왔다.

다윈은 어린 시절부터 박물학적인 취미를 좋아하여 여덟 살 때 식물, 조개, 광물 등을 수집하는 취미를 가지게 되었다. 아버지인 로버트 다윈은 찰스 다윈이 의사가 되기를 희망하였으나 찰스 다윈은 자연에 대한 관심이 많아서 케임브리지 의과대학에 입학 후 2학년이 되어서도 의학보다는 자연과학과 여행에 관한 책을 많이 읽었다. 아버지는 장래 생활의 안정을 위하여 찰스에게 목사가 될 것을 권유하여 케임브리지 신학과로 전과하였다. 이때 이 대학의 교수이자 식물학자인 존 스티븐스 핸슬로와 지질학자인 에덤 세지윅을 만나서 동식물에 관한 다양한 지식을 배우면서 자연과학자의 새로운 길을 걷게 된다. 핸슬로는 찰스에게 영국 군함 비글호를 타고 태평양과 인도양을 항해하면서 해안을 조사하는 데 같이 갈 것을 제안하였다. 찰스는 이 5년 동안의 항해를 통하여 진화론을 규명할 역사적 계기를 만들게 된 것이다. 찰스 다윈은 일과표를 작성하여 시간 단위별로 철저히 이행하였는데, 이는 할아버지와 아버지로부터 받은 교육의 일환이었다.

5년의 항해를 마치고 돌아온 찰스 다윈은 『종의 기원』을 쓰기 시작하였다. 결혼 후 생계를 위하여 어떤 직업을 선택해야 할지 고민하고 있을 때, 아버지인 로버트 다윈이 전폭적인 재정적 지원을 해 주었다. 연구를 시작한 지 20년 만에 찰스 다윈은 세계사를 뒤흔든 연구

결과를 내놓을 수 있었다. 다윈이 쓴『종의 기원』진화론의 모태는 할아버지 에라스무스가 1794년에『주노미아』에 발표한 진화론에 관한 논문에서 출발하였다고 해도 과언이 아니다. 3대에 걸쳐서 가학(家學)인 자연과학을 이어 온 결과라고 볼 수 있다.

■ **다윈가의 자녀교육**(최효찬, 2006).

1. 아버지가 아이의 인생 스승으로서 멘토 역할을 한다.

2. 늘 음악적이고 유쾌한 가정 분위기를 만든다.

3. 여행을 통하여 인생의 전환점을 만든다.

4. 적성에 맞지 않으면 끝까지 강요하지 않는다.

5. 아이가 학자로서의 비전이 보이면 힘닿는 데까지 후원한다.

6. 비판자가 많을 때는 시간을 두고 설득하는 방법을 쓴다.

7. 모임을 결성해 소중한 인연을 만들어 간다.

8. 대를 이어 열정을 바칠 수 있는 가업이나 가학을 만든다.

9. 하루 일과 계획표는 철저하게 짜서 실천하도록 노력한다.

10. 새로운 인생의 길을 열어 주는 스승이나 친구를 만들어 준다.

09
제4차 산업혁명과 인공지능 시대에 손자·손녀에 대해 알아야 할 것

지난 50년간 인간의 활동에 가장 큰 영향을 준 사건으로 PC의 발명, 제4차 산업혁명 시대의 개막, COVID – 19의 유행, 그리고 생성형 인공지능 프로그램의 개발을 들 수 있다.

대형 컴퓨터가 발명되어 군사, 과학, 경제 분야의 발전을 꾀하면서 그 영향력이 학문 분야뿐만 아니라 교육과 문화·예술, 그리고 일반 생활에까지 커졌다. 그러다 1982년 개인 컴퓨터가 발명되면서 개인의 과업을 PC로 수행하는 빈도수가 급작스럽게 늘게 되었다. 개인 컴퓨터로 자료를 수집하고 저장하여 분석한다든지, 새로운 정보를 탐색한다든지, 프로그래밍한다든지 필요에 따라 활용 범위가 매우 다양하고 무한해지면서 개인화 작업이 쉽게 되었다. 또한 과학 문명의 발전으로 제4차 산업혁명 시대가 개막되었다. 인공지능, 로봇, 드론, 무인 자율주행 기구 등이 출현하면서 인간의 발명 범위는 무한대로 늘어나고 노동시장에서는 로봇으로 인간을 대체하는 추세가 되었다. 종업원이 음식을 주문받고 가져다주는 시대에서 식탁에 앉아 키오스크로 원하는 음식을 주문하고 결제하면 로봇이 배달하여 준다. 이런 변화는 고용시장에 엄청난 변화를 불러오고 있으며, 제4차 산업혁명 시대를 열면서 노동 인력은 로봇으로 대체될 것이라는 예측이 현실화하고 있다. 제4차 산업혁명 시대에는 단순한 사무업무나 회계, 그리고 법률업무, 의사의 진단과 처방마저도 로봇이나 컴퓨터로 대체할 수 있어 많은 직업이 소멸할 것을 예측하고 있다.

이런 상황에서 2020년 초에 나타난 COVID-19는 대면 활동을 최대한 자제하게 하였고, 비대면 강의와 회의, 재택근무를 일상화하게 하였다. 또한 생활공간을 축소하였으며, 때로는 필요 없게 만들었다. 교통수단으로 이동해서 어느 공간에 모여 인사를 나누고 필요한 회의를 한 후 돌아오는 과정상의 절차를 생략한 채, 집이든 사무실이든 공원이든 각자의 위치에서 노트북이나 태블릿, 아니면 핸드폰만 가지고도 Zoom으로 회의를 마친다. 비대면 회의는 이동 시간 등의 불필요한 부분들이 생략되어 시간이 절약되고, 경제적이기도 하며, 심리적 부담도 줄어드는 편리함 때문에 일상화되어 가고 있다. 대학에서도 비대면 수업인 인터넷 강의가 보편화되면서 배우는 학생이나 가르치는 교수도 역시 이 편리함에 익숙하게 되었다. 이런 현상들은 제4차 산업혁명으로 예견된 미래의 시간을 최소한 10년 이상 앞당겼다고 볼 수 있다. COVID-19로 많은 사람이 세상을 떠났지만 결국 COVID-19가 인류문화사에서 앞으로 다가올 미래를 더 급진적으로 앞당겼다고 볼 수 있다.

2016년 알파고가 출현하여 이세돌 국수와 다섯 판의 대국을 벌여 4승 1패를 하면서 인공지능에 대한 관심이 고조되더니 드디어 대화형 인공지능 서비스 챗봇(Chatbot)의 하나인 챗GPT가 출현하였다. 챗GPT에 질문을 하고 답하는 경험을 하면서 세상의 변화에 대한 놀라움과 불안함 그리고 조심스러움이 병존한다.

『머니투데이』는 2023년 6월 5일 자에 "'인공지능 언어' 이해 활용 '미래 삶' 좌우한다"라는 제목으로 1면을 장식하였다. 그리고 첫 번째 시리즈에서 '인공지능 리터러시 키우자'고 제안한다. 리터러시 (literacy)는 문해력, 즉 문명을 누리기 위한 기초적 능력으로서 얼마 전까지는 컴퓨터 리터러시를 나타냈으나 챗GPT와 바드(Bard)가 등장하면서 인공지능 리터러시가 강조되고 있다. 또한 인공지능 리터러시가 지식의 격차, 문명의 격차 그리고 빈부의 격차까지 가져올 것이라고 예견한다. 그러므로 인공지능 시대에서 교육의 기능이 예전처럼 작동할 것인지에 대하여 생각해 볼 필요가 있다. 또한 손자·손녀들은 어떻게 대처해야 하는지 그리고 할아버지·할머니들은 어떤 역할을 하는 것이 바람직한지도 알아볼 필요가 있다.

인공지능이 인간이 원하는 정보를 제공하면서 교육에 엄청난 변화를 불러올 것이라 예견한다. 일단 교육(敎育), Education, Pedagogy라는 용어 자체가 인공지능 시대 상황에 어울리지 않을지 모른다. 교육은 '가르치고 기른다.'는 의미를 지닌 말로, 교(敎) 자는 본받을 효 (爻)와 아들 자(子)의 합성어이며, 효(爻)자는 막대기를 들고 방향을 제시하는 복(卜) 자와 어른 수(扌) 자의 합성어로서, 어른이 막대기를 들고 자식에게 효를 가르친다는 의미이다. Education은 E와 duco의 합성어로 E는 '밖'으로 'duco'는 꺼낸다의 의미이다. Pedagogy는 paidos와 agogos의 합성어로 paidos는 'child'를 말하며, agogos는 'direction'의 뜻이 있어, 어린이에게 방향을 제시한다는 의미이다(성태제, 2019). 이 세 가지 용어 敎育, Education, Pedagogy의 공통점은 학습자는 가르침을 받는 수동체라는 것이다.

챗GPT나 바드 등을 이용하면서 학습자는 스스로 찾아서 학습하는 학습의 주체가 되고 있다. 가르침이나 교수보다는 학습이 중심이 되며, 학습 중에서도 자기발견학습(self discovery learning)이나 자기인지 학습(self awarness learning)이 중심이 된다. 그러므로 학습자는 수동체나 객체가 아니라 학습의 능동체이고 주체가 되는 것이다. **우리의 손자·손녀들은 다른 사람으로부터 배우는 교육이 아니라 알고 싶은 내용을 스스로 찾아서 공부해야 하는 학습의 주체(fully active learner)가 되어야 한다. 할아버지·할머니들은 이와 같은 현실을 손자·손녀에게 알게 할 필요가 있다.**

가르침을 주도하던 교사나 강사, 그리고 교수들은 가르치는 기능은 줄어들고 학습자들이 주체적으로 학습하는 과정에서 도와주는 안내(guidance)와 상담(counseling) 역할이 강조될 것이다. 그러므로 교사(teacher)보다는 안내자(guider)와 상담자(counsler)의 역할을 함께하는 안내상담자(guidounsler)가 될 것이다(성태제, 2023). 그렇다면 **할아버지와 할머니들도 손자·손녀들을 가르쳐야 한다는 자세보다는 그들의 이야기를 듣고 상담하면서 조언한다는 생각을 가져야 할 것이다.** 고전이나 속담 등 그리고 할아버지·할머니가 경험한 옛날이야기도 좋지만 손자·손녀들이 처한 상황과 그들이 가고자 하는 방향에 대하여 할아버지·할머니의 인생 경험을 통해 미래를 내다보는 식견으로 조언하여야 한다. 절대 가르치려는 의욕을 보여서는 안 될 것이다. 옛 지식과 경험에 의존하여 손자·손녀들을 가르치려고만 한다면 '나 때 이야기하지 말라.'는 핀잔을 듣게 되든가 상대하기 싫은 '꼰대'가 될 수 있다.

손자·손녀들이 스스로 찾아서 학습하는 세상이 도래하면서 그들은 적성, 취미, 희망, 특기에 따라 얻고 싶은 지식을 생성형 인공지능 프로그램이나 인터넷을 통하여 학습하게 될 것이다. 그들이 얻고자 하는 지식의 범위는 원하는 만큼 넓은 바다에서 고기를 낚듯이 무한하다. 문과니, 이과니 하는 구분도 없어질 것이고, 하나의 전공 분야에 대한 전공 학과의 지식과 경험만을 습득하는 것이 아니라 관련 있는 다방면의 융복합 지식을 습득하고 역량을 키우려고 할 것이다. 물리적 공간인 학교 캠퍼스 안에서 제한된 교수진으로부터 지식을 배우는 시대는 이미 지나갔다. 이는 미네르바 대학이나 애리조나 주립대학교의 예에서 볼 수 있다. 학생들이 듣고 싶은 강의를 충분히 선택하여 들을 수 있으며 MIT나 하버드 대학교 등의 유명 대학교의 강의도 쉽게 수강할 수 있게 되었다. TED나 MOOC(온라인 공개 강좌)를 통하여 유명한 강연도 들을 수 있으며, Khan Academy의 Khan Lab School에서 Khanmigo 프로그램으로 공부할 수도 있다.

학벌이 높거나 유명 대학교의 졸업장이 필요한 시대는 이미 지나갔음을 손자·손녀들에게 알려 주고 손자·손녀들이 하고 싶은 일을 즐겁게 하면서 행복하게 사는 것이 가장 중요하다는 것을 인식시켜야 한다. 사회적·경제적으로 타인의 부러움의 대상이 되는 직업조차도 소멸할 수 있으며, 손자·손녀들에게는 큰 의미가 없는 직업이 될 수 있다. 할아버지와 할머니가 부모였을 때 자식이 어느 대학교에 들어가기를 바라고, 어느 직업을 갖기를 희망한 적이 있었다. 그 희망이 자식의 희망이 아니고 부모의 희망이었고, 그 희망을 충족한 자식들이 모두 행복하게 산 것은 아니다. 이런 경험이 있는 경우나 다양한 경험을 한 할아버지·할머니들은 부모들의 희망보다는 손자·손녀들의 희망을 우선시하게 될 것이다.

손자·손녀들의 장래 희망과 부모들의 요구에 괴리가 있을 때는 할아버지·할머니들이 제삼자의 관점에서 현명한 조언을 할 수 있다. 할아버지와 할머니는 손자·손녀들이 어떤 아이이고 그들이 좋아하는 것이 무엇이며, 무엇을 잘할 것 같고, 앞으로 어떻게 사는 것이 그들이 행복할 것인가를 다른 사람들보다 더 잘 알 수 있는 위치에 있다. 왜냐하면 할아버지·할머니는 손자·손녀들의 부모를 길러 보았기 때문에 그들을 통하여 손자·손녀들을 더 깊이 있게 이해할 수 있기 때문이다. 손자·손녀들이 하고 싶은 일을 하면서 행복하고 건강하게 살아가는 데 조금이라도 도움을 주는 것이 할아버지·할머니가 해야 할 일이다. 그러므로 손자·손녀들이 성장하면서 겪는 고민과 갈등, 그리고 진학이나 진로에 대하여 부모들보다 더 객관적인 위치에서 안내와 상담으로 안내상담자의 역할을 하는 것이 바람직하다.

칭찬은 고래도 춤추게 한다는 말이 있듯이, 손자·손녀들에게는 끊임없는 칭찬과 격려로 자기애와 자긍심을 키워 줄 필요가 있다. 산업화 시대는 대량 생산과 집단 교육으로 동일한 잣대를 가지고 서로 비교하는 상대비교평가가 주를 이루었다. 모두가 동일선상에서 평가의 대상으로서 순위가 중시되었다. '누가 누가 잘하나?'라는 상대비교평가는 경쟁심을 불러일으키고, 올바른 인성을 기르는 데 걸림돌이 되기도 하였다. 제4차 산업혁명 시대, 아니 인공지능 시대는 상대비교평가의 의미를 상실한다. 개인 모두가 독특한 특성이 있기에 동일한 잣대로 평가하는 것이 타당하지 않으며 서열을 부여하기도 어렵고 서열 자체가 의미 없다.

손자·손녀들은 모두 보물 같은 존재이고 제각각 다른 특성을 보이고 있기에 다른 손자·손녀들과도 비교하는 자체가 의미가 없으며, 바람직하지도 않다. 예전에는 손자·손녀가 1등을 했다거나 손자·손녀가 일류대학에 입학한 것이 큰 자랑거리였지만, 이제는 손자·손녀가 어떤 특성이 있고 최선의 노력을 해서 크게 성장하였다는 것이 자랑거리가 될 것이다. 유별나게 곤충에 관심이 많다든가, 산에 가서 새들과 친구처럼 지낸다든가, 그림을 괴상하게 그린다든가, 음감이 특별하다든가, 물리 실험을 즐긴다든가 하는 이야기가 자랑거리가 될 수 있으며, 그 분야에서 능력이 뛰어나서 어떤 일을 하고 있다든가가 자랑거리가 될 수 있다. 그러니까 손자·손녀들이 1등이었다는 평가보다는 어떤 능력을 갖추고 있고 그 능력에 비추어 최선을 다하여 역량을 키워서 큰 성장이 있었다는 평가가 자랑거리가 되어야 한다. **손자·손녀들과 대화할 때는 1등을 하라는 부탁보다는 네 적성과 능력에 맞추어 최선의 노력을 다하라거나, 노력해서 많이 발전하라고 격려하는 것이 바람직할 것이다.** 사랑하는 손자·손녀일수록 상대비교평가의 대상으로 보지 말고 손자·손녀들에게 맞추어 평가하고 칭찬하여 준다면 바르게 성장하는 데 큰 도움을 줄 수 있다. **항상 네가 최고라 격려하여 주고, 노력하면 안 되는 일이 없으니 즐겁게 최선을 다하기를 격려하고 조그만 변화가 있어도 잘하고 있다는 칭찬을 서슴지 않는 것이 할아버지·할머니들이 하여야 할 일이라고 생**

각한다.

　미래의 사회가 개인화되면서 손자·손녀들이 겪게 될 불안, 초조, 우울 등의 심리적 갈등, 정신적 장애나 질환 등도 할아버지·할머니들의 오랜 인생 경험을 통하여 상담하고 인도하여 준다면 큰 도움이 될 것이다. 살아온 지난날들을 회상하면서 인생의 의미를 나름대로 손자·손녀들에게 옛 이야기하듯 전해 주는 것도 격대교육의 큰 장점이 아닐까 생각한다. 앞으로 살아갈 미래는 상대비교평가에 의하여 경쟁하는 사회가 아니고 더불어 살아가는 세상으로 내가 나를 가꾸어 나가는 세상이 되기 때문에 항상 손자·손녀들을 칭찬하고 격려하며 용기와 희망을 북돋워 자긍심을 심어 주고 자존감과 자기애를 높여 주며, 남을 배려하고 사랑하는 마음도 갖게 하는 일도 할아버지·할머니가 하여야 할 일이다.

　인공지능이 활용되면서 나타나는 가장 큰 우려는 윤리적인 문제이다. 미래 사회에 인공지능과 공존하는 것은 불가피한 현실이 되어가고 있는데 나쁘게 사용되면 큰 피해를 줄 가능성이 높기 때문이다. 인공지능이 악하지 않고 선하게 사용되게 하려면 사용자인 손자·손녀들의 도덕성 등의 윤리적 수준도 높아야 한다. 제4차 산업혁명과 인공지능 시대에서는 높은 수준의 정의적 특성으로 정직, 평등, 타인에 대한 배려, 사랑과 평화, 자연 생태계 보호, 인류애 등이 요구된다. 우리의 손자·손녀들이 이러한 인성을 갖추도록 할아버지·할머니들의 격대교육은 부활하여야 한다.

제4차 산업혁명 시대에 필요한 인성과 특성*

    손자·손녀들을 가르침에 있어 온고지신(溫故知新)이라 하여 고전이나 명저 그리고 성현들의 말씀을 전하는 것이 중요하고, 이에 못지않게 시대의 흐름과 변화를 예견하고 그에 맞는 조언을 하는 것도 중요하다. 사서삼경,『소학』『동문선습』『격몽요결』『탈무드』그리고 성경적 말씀을 손자·손녀들에게 들려주는 것이 필요하다. 그에 더하여 손자·손녀들이 살아갈 미래 사회의 변화를 준비하는 데 도움을 주는 것 역시 중요하다. 그런 의미에서 최근에 회자되고 있는 IoT, 인공지능, 신바이오, 드론, 로봇 등이 생활화되는 제4차 산업혁명에 대한 이해가 우선되어야 한다. 그리고 시대의 특성, 그 시대를 살아가기 위하여 우리 손자·손녀들이 갖추어야 할 인성과 특성을 알아야한다. 할아버지·할머니들은 이 두 가지를 전제로 하여 손자·손녀에게 조언하는 것이 좋다. 이 부분은 저자가 2016년부터 2년간 교환교수로 미국에 있었을 때 한창 화두가 되었던 제4차 산업혁명 시대와 관련한 책과 논문을 정리하여 학회 논문에 게재한 내용을 위주로 실었

---

* 본 부록은『교육학 연구』제55권 제2호(2017. 6.)에 게재된 논문의 일부분임.

다. 논문의 내용을 보다 쉽게 이해할 수 있도록 정리하는 것보다 전문적 내용들이 도움이 될 것으로 생각되어 원문의 일부를 실었다. 논문을 통하여 할아버지·할머니들이 시대의 변화를 바로 알고, 손자·손녀들에게 미래에 필요한 능력이 무엇이며, 어떻게 준비하는 것이 바람직한가를 알려 주는 데서 격대교육의 효과가 더 커질 것이다.

스와브(Schwab, 2016)는 다보스포럼에서 제4차 산업혁명이 도래하였다고 주장하면서 산업혁명을 다음 [그림]과 같이 세대별로 구분하였다.

제1, 2, 3, 4차 산업혁명

산업혁명		연도	내용
⚙	1	1784	증기, 물, 생산 기계의 발명
💡	2	1870	노동의 분화, 전기, 대량 생산
🖥	3	1969	전자, IT, 자동 생산
🧠	4	2016	사이버 물리 시스템(cyber-physical system)

[그림 2] 산업혁명의 시대 구분(출처: WEF 홈페이지)

산업사회의 발전은 획기적인 발명에 의하여 주도되었다. 제1차 산업혁명은 증기기관의 발명으로 수송 수단 그리고 물과 증기를 이용한 생산 기계들을 사용하여 산업의 발전을 유도하였다. 농경사회 또한 이런 기계적 발명으로 인하여 산업사회로 진입하게 되었다. 제2차 산업혁명은 증기와 물의 산업 원동력을 전기로 전환하여 대량 생산을 가능하게 하였으며, 노동과 고용이 증진되었다. 전기공학의 발전은 전자공학의 발전으로 이어지면서 정보기술의 시대로 발전하게 되었고, 컴퓨터 프로그램을 이용한 자동생산 시스템을 구축하게 되었다. 전산화는 예전의 노동집약적 산업을 기술집약적 산업으로 변화시켰다. 이후 1969년에 출발한 제3차 산업혁명은 전자, 컴퓨터 공학의 발전으로 사이버상에서의 문제해결 등으로 제4차 산업을 유도하게 되었다. 특히 제4차 산업혁명은 인공지능, IoT, 로봇, 바이오의 신기술, 유전공학, 3D 프린팅, 자율주행 운송수단과 드론, 나노기술, 빅데이터 이용과 상호융합의 발전으로, 그 한계가 어디까지이며 어느 방향으로 발전할지를 예측하기가 쉽지 않다.

제1, 2, 3, 4차 산업혁명 시대를 중심으로 교육 분야에서의 주요 교육 내용을 연계하면 다음 〈표〉와 같다.

〈표〉 산업혁명과 연관된 주요 교육 내용

산업혁명	기간	에너지원	주요 기술	주요 교육 내용
제1차	1760~1900	석탄, 물	증기기관	행동주의 교육
제2차	1900~1960	석유, 전기	내연 연소기관	고등교육기관 설립, 인지이론
제3차	1960~2016	핵에너지, 천연가스	컴퓨터, 로봇	컴퓨터 기반 교육
제4차	2016~	Green Eng 친환경 에너지	인공지능, IoT 3D프린터, 유전공학	MOOC

제1차 산업혁명기는 행동주의를 중심으로 한 고전적인 개념의 교육이 전개되었다. 이후 제2차 산업혁명기에는 제도적 교육들이 강화

되면서 고등교육기관들이 설립되고 교육과정에 의한 교육이 전개되었으며, 인지이론이 대두된다. 그러면서 제3차 산업혁명기에 각 중등교육은 국민이 알아야 할 기본 능력과 지식에 치중하였다. 그리고 국가 간에 고등교육의 질 향상에 대한 경쟁이 고조되었고 컴퓨터의 발전으로 컴퓨터를 이용한 교육이 발전하게 된다. 또한 이 시대에는 대학 간의 공통 교육과정을 운영하고 국가 간의 학생 교류 등이 전개되었다. 제4차 산업혁명 시대에 접어들자, 시공을 초월하여 교육 내용을 공유하는 시대로 발전하게 된다. 대표적인 예로 MOOC를 들 수 있으며, 어디서나 무제한의 무료 강의가 공개되고 있다. 제4차 산업혁명기는 MOOC로 시간과 공간을 초월하여 거의 모든 지식을 배울 수 있게 되어 가며, 이 또한 교육의 혁명을 불러일으켜 산업의 발전에 기여할 것으로 예측된다.

스와브(Schwab, 2016)은 제4차 산업혁명을 발표하면서 이런 기술들이 인간의 생활과 경제, 사회, 문화, 그리고 환경에 어떤 영향을 주는지에 대한 종합적이며 글로벌한 이해가 필요하다고 하였으며, 결론적으로는 이 모든 것이 인간과 가치에 귀결된다고 하였다. 이런 관점에서 본다면 이 시대를 살아가기 위한 바람직한 인간상과 제4차 산업혁명 시대를 맞이할 핵심적인 역량에 대하여 논의할 필요가 있다.

산업혁명은 인류의 번영과 발전 그리고 삶의 질을 높이고 개인의 자유와 복지, 건강이 보장되는 사회를 만드는 것이 중요한 목적이므로 특정 지역이나 국가에 국한하지 않고 모든 인간을 위한 발전이어야 한다. 이를 위하여 제4차 산업혁명은 인간을 더욱 존중하고 친환경적이어야 한다. 미국이 다인종, 다민족, 다문화가 융화되어 세계

경제, 문화, 과학을 선도하듯 제4차 산업혁명도 모든 국가와 민족이 서로 융합하여 새로운 시대를 영위하도록 해야 한다. 특히 초연계 그리고 융합하는 사회는 한 국가가 아니라 전 세계가 연계되고 융합을 넘어 통합의 시대로 가므로 인류가 하나 되게 하는 세계시민의 인간상을 확립하고 핵심 능력을 규명하는 일이 중요하다.

인간의 특성은 인지적, 정의적 그리고 심동적 특성으로 구분하지만, 인간상과 핵심 능력을 규명하기 위하여 인지적 특성과 정의적 특성을 살펴본다. 정의적 특성은 인간상이라 할 수 있고, 인지적 특성은 제4차 산업혁명 시대에 살아갈 인간의 핵심 능력이라 할 수 있다.

슈미트, 오스월드, 길레스피(Schmitt, Oswald, & Gillespie, 2005)는 미국의 35개 대학교의 교육 내용을 분석하여 대학교에 입학할 학생들의 특성으로 12개의 수행 영역을 제시하였다. 이 12개의 수행 영역은, ① 학문적 영역에 대한 지식과 학습 정도, ② 지적 호기심과 흥미, ③ 예술적 감상 능력과 관심, ④ 다문화에 대한 수용과 관용, ⑤ 리더십, ⑥ 인간관계 능력, ⑦ 사회적 책임성, 시민 참여와 시민정신, ⑧ 육체적 그리고 심리적 건강, ⑨ 경력지향성(career orientation), ⑩ 사회 적응력, ⑪ 인내심(perseverance), ⑫ 윤리, 정직과 성실이다. 이런 특성을 가진 학생을 선발하여야 한다는 의견이며, 미국의 대학교들이 대학생들에게 이런 특성을 교육해야 한다는 주장이다.

21세기 지식기반 사회에서 살아가기 위한 인간의 역량에 관한 연구는 OECD(2010)의 DeSe(Definition and Selection of Competence)뿐 아니라 주요 국가에서도 논의하고 있다. WEF(2015)도 21세기에 학생들이 갖추어야 할 핵심 능력으로, 크게 일상생활에 적용하기 위한 기초 능력, 도전하기 위한 역량, 변화를 위한 개인적 특성을 제시하였다. 기초 능력에는 문해, 수리문해, 과학문해, ICT문해, 경제문해, 문화와 시민문해, 도전하기 위한 역량으로는 비판적 사고와 문제해결력, 창의성, 의사소통, 협업력이 있다. 그리고 변화를 위한 개인적 특성에는 호기심, 끈기, 적응력, 리더십, 사회와 문화에 대한 인식을 열거하였다. 이근호와 곽영순(2014)은 국가 수준에서 제시한 교육과정 안의 정의적 행동 특성에서 강조한 내용을 뉴질랜드에서 제시한 다양성, 공정성, 공동체 참여, 생태 지속 가능성, 성실과 존중, 프랑스의 시민의식과 사회성, 호주의 시민의식과 대인관계, 캐나다의 시민성과 공동체 삶으로 소개하고 있다.

스와브(Schwab, 2016)는 제4차 산업혁명 시대에는 자본(capital)보다 재능(talent)이 생산에 중요한 요인이 될 것이라 예언하였다. 바람직한 인간상을 확립하고 재능이나 적성과 관련한 지적 능력을 갖추어야 하는 것으로 해석한다. 이는 주지 능력으로서 해당 분야의 지식이나 기술 그리고 이를 수행하고 처리하는 능력을 말한다.

설리번(Sullivan, 2016)은 새로운 미국 대학교(New American Colleges and Universities: NAC&U)들의 컨소시엄을 소개하면서 미국의 대학교들은 학생들에게 인문학적(liberal arts) 소양, 전공 분야의 전문지식과 기술(professional studies), 그리고 시민적 책임(civic responsibility)을 통합하는 교육(integrated learning)을 하여야 한다고 주장한다. 통합교육은 인문학적 소양을 바탕으로 전공 분야의 전문능력을 배양하여야 하고 시민적 책무성에 대한 의식도 갖추게 해 주어야 한다는 주장이다. 예를 들어, 화학을 전공하면서 철학을 복수 전공함으로써 과학적 소양을 가진 철학자 혹은 철학적 소양을 가진 과학자로서 다른 관점을 공유하게 되어 새로운 사실과 답을 찾는 것이다. 또한 개인적, 사회적, 그리고 시민적 책무성에 대한 성숙도를 증가시키는 교육이 필요하다고 하였다. 교육에서 중요한 것은 '내가 무엇을 배울 것인가? 그리고 그것이 내게 어떤 영향을 줄 것인가? 나아가 사회와 인류에게 어떤 영향을 줄 것인가?'도 학생들이 함께 고민하는 것이다. 또한 교수와 학습을 하는 과정에서 그와 관련된 사회단체나 기관에 참여하는 프로그램들을 소개하고 있다. 이것은 제4차 산업혁명 시대를 살아가려면 여러 전공 분야에 대한 지식의 융합이 필요하며, 시민적 책무성에 대한 인식이 중요하다는 의미이다.

제4차 산업혁명의 특징으로서 산업, 경제, 문화, 예술, 고용, 교육 등 전 분야에서 국가를 초월하는 세계인으로 지녀야 할 인간상은 전 우주와 인류의 발전을 위한 덕목을 갖춘 인간이다. 이것은 제1, 2, 3차 산업혁명 시대까지 중요시하였던 국가나 민족을 위한 민족애나 충성심 같은 덕목에서 벗어나는 것이다. 다시 말해, 민족이나 국민의 개념을 초월하여 세계인으로서 글로벌 정체성을 형성하여야 한다. 이를 위하여 인간의 최고선으로 제안된 많은 덕목을 열거하면 사랑과 평화, 정의와 평등, 희생과 봉사, 정직과 공정, 용서와 화해, 시민정신, 타종교에 대한 이해, 타민족의 문화와 예술에 대한 감상, 다른 관습에 대한 배려와 관용, 자연과 생태계 보호 등을 들 수 있다.

앨버트(Albert, 2015)는 제4차 산업혁명과 인터넷 사물에 대하여 알아야 할 일곱 가지 능력을 제시하였다. 일곱 가지로 인터넷 네트워크에 대한 이해, 빠른 의사결정 능력, 사이버 보안에 대한 이해, 다양한 센서에 대한 이해, 사이버 물리적 체계로서 기계(machine tools will be regarded as cyber physical systems)에 대한 이해, 빅 데이터의 중요성에 대한 인식, 그리고 인간의 권한(people empowerment)에 대한 이해를 열거하고 있다.

이러한 능력들을 개발하는 것은 강의실에서 하는 강의 수준을 넘어서 다양한 내용에 대하여 다양한 교수와 학습 방법을 통하여 이루어지며, 학교뿐 아니라 산업과 사회 모두가 교육의 마당이 된다. 그러므로 지식에 대한 욕구는 학교의 강의실을 벗어나서 모든 곳, 아니 우주 전체가 학습의 장이 되는 것이다. 그러므로 물리적으로 제한되는 대학의 강의보다는 시공을 초월하는 MOOC로 발전하고 있으며, 유튜브(youtube)나 다른 인터넷 매체를 통하여 지식을 얻을 수밖에 없고 타인과 무제한의 논의도 가능하게 한다. 제4차 산업혁명 시대의 특징인 클라우드 환경에서 인터넷을 통하여 관심 있는 분야에 대한 지적 흥미와 호기심을 해결하고 새로운 것을 창조하는 지속적인 노력은 제4차 산업혁명 시대를 살아가기 위한 중요한 소양이 될 것이다. 그러므로 스스로 지식과 정보를 찾아 학습하는 평생교육의 자세가 요구되며, 평생교육 체제가 더욱 활성화될 전망이다.

평생교육 체제에서 인간은 개인의 다양한 지적 호기심 욕구를 스스로 충족시키기 위한 탐구 역량을 개발하고 향상하는 자율적 역량을 강화해야 한다. 무한한 정보와 지식을 선별하여 직업과 연계하고 개발하는 자율적 역량이 중요하기 때문이다. 그러므로 제4차 산업혁명 시대에서 교육의 대상인 인간상은 목적 지향적이고 능동적이며, 상호 협력하는 탐구적 자율인이어야 한다.

제4차 산업혁명 시대를 살아가는 인간상과 인지능력, 그리고 정의적 특성을 종합하면 다음 [그림]과 같다.

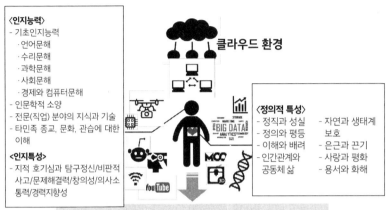

[그림] 제4차 산업혁명 시대의 인간상과 핵심 능력

제4차 산업혁명 시대를 살아갈 바람직한 인간상은 21세기를 위한 기본 능력과 중복된다. 그러나 일반적으로 제안된 21세기를 살아가는 인간의 기본 능력보다는 더욱더 전문적 능력과 정의적 행동 특성 그리고 세계시민으로서의 특성이 요구된다. 제4차 산업혁명 시대에 갖추어야 할 특성은 인지적 특성과 정의적 특성으로 구분된다. 인지적 특성에는 기초 인지능력과 전문 분야에 대한 지식이다. 기술 등과 더불어 지적 호기심, 탐구정신과 같은 인지 특성도 포함된다. 기초 인지능력에는 기초적인 문해로서 언어, 수리, 과학, 사회 문해 능력과 컴퓨터와 경제 문해 능력이 강조된다. 전문지식 그리고 기술과 더불어 인문학적 소양을 갖출 필요가 있으며, 전 세계가 다원화 사회로 변화해 감에 따라 타민족의 종교와 문화 그리고 관습에 대한 기본적인 이해도 필요하다. 인지적 특성으로는 지적 호기심, 탐구적인 비판적 사고력, 문제해결력, 창의성, 의사소통력, 경력지향성을 지녀야 한다. 제4차 산업혁명 시대는 평생교육의 시대이기 때문에 클라우드 환경에서 접할 수 있는 정보를 인터넷을 통하여 스스로 자료를 수집하여 학습하고 판단하며, 종합하고 새롭게 창조할 수 있는 탐구적·창조적 자율인이어야 하고, 경력지향적이어야 한다.

정의적 특성은 인간으로서 갖추어야 할 기본적 도리로서 정직과 성실, 정의와 평등, 이해와 배려, 은근과 끈기, 용서와 화해를 바탕으로 인류 공동체 삶을 공유하고자 협력하는 세계시민으로서의 책무성을 갖추고 사랑과 평화를 추구하여야 한다. 뿐만 아니라 지금까지 사용해 온 자원의 고갈과 환경문제로 인하여 제4차 산업혁명 시대의 원료원은 친환경 원료가 되어야 하므로 자연과 생태계를 보호하는 의식의 함양 그리고 지속할 수 있는 자원개발 기술을 발전시켜야 한다. 제4차 산업혁명 시대에 적응하기 위해서는 이같이 인지적 특성과 동시에 정의적 특성을 고루 발달시켜야 한다.

　책을 쓴다는 것은 특정 분야에 대한 전문지식이나 특별한 영감으로 시작된다. 전문적인 지식이나 영감이 없더라도 책을 쓰는 시도는 가능하지만 쉽지 않다. 지금까지 교육학과 관련한 여러 전문 서적이나 개인적인 생각, 그리고 경험을 바탕으로 한 수필집을 쓴 적이 있다. 그러나 이번 책은 전문적인 지식이나 영감 없이 무모한 도전으로 시작한 작업이다. 이 도전은 오로지 손자·손녀를 사랑하는 마음에서 나온 것이라고 말하고 싶다.

　무모함은 무지함을 일깨워 주는 지혜를 낳을 수 있음을 배웠다. 동양의 고전과 초학 도서에 대하여 유학(儒學)을 전공한 고등학교 동창 친구에게 문의하자 한 20여 권의 책들을 소개하여 주었다. 한 권, 두 권, 세 권…… 죽 읽으면서 손자·손녀에게 전해 줄 좋은 내용이 너무 많음을 알게 되었다. 이 고전들을 정리하겠다는 의욕으로 써 놓은 내용을 독자에게 알리기에는 부족함이 많음을 느끼고 그 친구에게 유학과 관련한 내용을 써 달라고 부탁하였다. 유교의 심오한 원리를 풀어 써 준 공저자 덕분에 지식도 넓어지고 책의 내용도 더욱 풍성해졌다. 그러나 충·효 사상을 어떻게 승화시킬 것이며, 가치관이 다른 손자·손녀 세대에게 어떻게 접속시킬 것인가는 아직도 큰 과제이기도 하다. 여러 한계와 부족함을 느끼면서 책을 집필하는 과정에서 본의 아니게 다른 분들의 내용을 색인 없이 인용하는 실수도 있었을 것이다. 이런 부분에 대해 너그러운 이해를 바란다.

이 작업은 시작에 불과하다. 더욱더 공부할 내용이라 생각한다. 부족한 저자의 능력을 탓하시고, 조언이나 충고해 주시면 기꺼이 수용하겠다는 말씀을 드린다. 이 책의 내용을 손자·손녀, 그리고 그들의 부모와 할아버지·할머니들에게 전하고자 하는 마음으로 마무리한다!

[참고문헌]

1. 원전

『시경』, 『주역』, 『예기』, 『논어』, 『맹자』, 『효경』

『조선왕조실록』, 『양아록』, 『사소절』, 『탈무드』, 『안씨가훈』

　* 한국사 원전 번역은 주로 〈국사편찬위원회 한국사 데이터베이스(db.
　history.go.kr)〉를 참고·인용하였고, 한국 고전 원전 번역은 〈한국고전번
　역원, 한국고전종합(DB db.itkc.or.kr)〉을 참고·인용하였다. 또한 동양 고
　전 원전 번역은 〈전통문화연구회(www.juntong.or.kr) 동양고전종합 DB〉
　를 참고·인용하였음을 밝힌다.

2. 저·역서 및 논문

교육부(2022). **2022 개정 교육과정총론**(교육부고시 제2022 – 33호).

김미영(2010). 조손관계의 전통과 격대교육. **실천민속학연구, 16**, 55 – 84.

김용호(2019). **손자/손녀를 위한 무릎기도문**. 나침반.

김찬웅(2008). **선비의 육아일기를 읽다**. 글항아리.

민족문화추진회 편역(2016). **다산 정약용이 유배지에서 보낸 편지와 교훈**. 도서출
　판 문장

박종채(1998). **나의 아버지 박지원**. 돌베개.

백승헌(2005). **700년 앞서간 조선 황실의 천재교육**. 이지북.

새교육편집부(2023). 챗GPT 상륙, 인공지능이 만드는 교육의 미래는. **새교육 4월호**, 현장이슈 2.

서정오, 이우정(2020). **서정오의 우리 옛이야기 백까지**. 현암사.

성태제(2017). 제4차 산업혁명 시대의 인간상과 교육의 향방. **교육학연구**, 55(2), 1 – 21.

성태제(2019). **현대교육평가(5판)**. 학지사.

성태제(2023). AI 기반 시대 교육의 변화와 교육평가의 향방. 한국교육평가학회 추계학술대회 기조 강연.

성태제(2023). **챗봇의 교육의 활용**. EduPress.

신용호 편역(2014). **명설과 자설**. 전통문화연구회출판.

신용호(2020), **호설과 시장(이름을 공경한 옛 선비들)**. 전통문화연구회출판.

유안진(1990), **한국 전통사회의 유아교육**. 서울대학교 출판부.

윤대인, 이명구(2023). **저출산 탈출 대책과 하브루타 격대교육**. 메이킹북스.

윤완석(2011). **조선시대 초학교재 연구**. 한국교원대 석사논문.

윤용섭, 김미영, 장윤수, 정재걸, 최효찬(2015). **노인이 스승이다 — 왜 지금 격대교육인가**. 글항아리.

이순형(2008). **한국의 명문종가**(pp. 283, 291). 서울대학교 출판부.

이시한(2023). **이제는 잘파세대다**. RHK.

이창동(2007). **할아버지가 손자·손녀에게 권하는 한시 88수**. 하늘재.

이황저(김운기 번역, 2023). **아들에게 쓴 퇴계의 편지 1**. 다운샘.

전영철, 전샛별(2018). **3대가 행복한 동행/격대교육 자녀교육의 패러다임이 바뀐**

다. 행복한책읽기.

정석태 역주(2005, 2016). **안도에게 보낸다.** 들녘.

정순목(1985). **朝鮮時代의 教育名著巡禮.** 培英社.

중앙일보(2023. 11. 2.). 롤드컵 전세계 4억 명이 봤다: 침체한 e스포츠 한국서
부활.

최효찬(2006). **세계 명문가의 자녀교육.** 예담.

칼릴 지브란(황유원 역, 2018). **예언자.** 민음사.

프렌스키(허성심 역, 2023). **세상에 없던 아이들이 온다.** 한문화.

하라리(조현욱 역, 2016). **사피엔스.** 김영사.

호지 저(양희승 역, 2015). **오래된 미래 — 라다크로부터 배우다.** 중앙북스

황승환, 길용석, 송현숙, 박정아(SBS스페셜 제작팀, 2213). **격대 육아법의 비밀.**
경향미디어.

3. 국외 논저

Albert, M. (2015). Seven Things to Know about the Internet of Things and Industry 4.0: When everything is connected to everything else, manufacturing will have a very different face. *Modern Machine Shop Magazine, 88*(4), 74.

Attar – Schwartz, S., & Buchanan, A. (2018). Grandparenting and adolescent well – being: Evidence from the UK and Israel. *Contemporary Social Science.* doi: 10.1080/21582041.2018.1465200 [Taylor & Francis Online], [Web of Science®], [Google Scholar].

Buchanan, A., & Rotkirch, A. (2018). *Twenty – first century grandparents:*

global perspectives on changing roles and consequences. https://doi.or
g/10.1080/21582041.2018.1467034 CrossMark LogoCrossMark.

Cherlin, A. J. (2010). *The marriage – go – round: The state of marriage and
the family in America today*. Vintage. Google ScholarGoogle
PreviewWorldCatCOPAC.

Cherlin, A., & FurstenbergJr, F. F. (2009). *The new American grandparent: A
place in the family, a life apart*. Harvard University Press. Google
ScholarCrossrefGoogle PreviewWorldCatCOPAC.

Creasey, G. L. (1993). The association between divorce and late adolescent
grandchildren's relations with grandparents. *Journal of Youth and
Adolescence, 22*(5), 513. [Google Scholar].

Creasey, G. L., & Koblewski, P. J. (1991). Adolescent grandchildren's
relationships with maternal and paternal grandmothers and
grandfathers. *Journal of Adolescence, 14*(4), 373-87. [PubMed] [Google
Scholar].

Dunifon, R., & Bajracharya, A. (2012). The Role of Grandparents in the Lives
of Youth. *J Fam Issues, 33*(9), 1168-1194. PMC 2012 Oct 2.

Elder G., & Conger R. (2000). Wisdom of the ages. In Elder G, Conger R,
(Ed.), *Children of the Land*, pp. 127 – 151. University of Chicago
Press[Google Scholar].

Furman W., & Buhrmester D. (1992). Age and sex differences in perceptions
of networks of personal relationships. *Child Development, 63*(1), 103-
15. [PubMed] [Google Scholar].

Harrington Meyer, M. (2014). *Grandmothers at work: Juggling families and jobs.* NYU Press. doi:10.18574/nyu/9780814729236.001.0001. Google ScholarCrossrefGoogle PreviewWorldCatCOPAC.

Hayslip, B., Fruhauf, C. A., & Dolbin – MacNab, M. L. (2017). Grandparents raising grandchildren: What have we learned over the past decade?. *The Gerontologist,* pp. 262-269. https://www.ncbi.nlm.nih.gov/ pubmed/28666363. Google ScholarWorldCat.

International Longevity Centre. (2017). *The Grandparent Army.* Retrieved from http://www.ilcuk.org.uk/index.php/publications/publication_ details/ the_grandparents_army [Google Scholar].

Livingston, G., & Parker, K. (2010). *Since the start of the great recession, more children raised by grandparents.* Pew Research Center. Retrieved from http://www.pewsocialtrends.org/2010/09/09/ since – the – start – of – the – great – recession – more – children – raised – by – grandparents/ Google ScholarGoogle PreviewWorldCatCOPAC.

Meyer, M. H. (2017). Grandparenting in the United States. *Innovation in Aging, Volume 1, Issue 2,* igx023, https://doi.org/10.1093/geroni/ igx023. Published: 30 October 2017.

Moore, S., & Rosenthal, D. (2017). *Grandparentig: Contemparary Perspectives.* Routledge Press.

Mueller, M. M., & Elder, G. H., Jr. (2003). Family contingencies across the generations: Grandparent – grandchild relationship in holistic perspective. *Journal of Marriage and Family, 65*(2), 404 – 17.

NACCRRA. (2008). *Grandparents: A critical childcare safety net*. Arlington, VA: National Association of Childcare Resources and Referral Agencies. Retrieved from http://www.researchconnections.org/childcare/resourc es/14638?publisher=National+Association+of+Child+Care+Resource+an d+Referral+Agencies. Google ScholarGoogle PreviewWorldCatCOPAC.

OECD(2010). PISA 2009 *Result: What Students Know and Can Do?* OECD: Paris.

Prensky, M. (2001). Digital Natives, Digital Immigrants. *On the Horizon*, vol 9. no 5, MCB University Press.

Ruiz, S. A., & Silverstein, M. (2007). Relationships with grandparents and the emotional well-being of late adolescent and young adult grandchildren. *Journal of Social Issues, 63*(4), pp. 793-808. [Google Scholar].

Schwab, K. (2016). The Fourth Industrial Revolution: what it means, how to respond. Presented paper in World Economic Forum.

Schmitt, N., Oswald, F. L., & Gillespie, M. A. (2005). Broadening the performance domain in the prediction of academic success. In Camara, W. J. & Kimmel, E. W. (Eds.), *Choosing students: Higher Education Admissions Tools for the 21st Century* (pp. 195 – 213). New Jersey: LEA.

Sullivan, W. M. (2016). *The Power of Integrated Learning: Higher Education for Success in Life, Work, and Society*. Virginia: Stylus Publishing, LLC.

Tan, J. – P. (2018). Do grandparents matter? Intergenerational relationships between closest grandparents and Malaysia adolescents. *Contemporary*

Social Science. doi: 10.1080/21582041.2018.1424931 [Taylor & Francis Online], [Web of Science®], [Google Scholar].

World Economic Forum(2015). *New vision for education: Unlocking the potential of technology.* Colony/Geneva: World Economic Forum, 3.

Wild, L. (2018). Grandparental involvement and South African adolescents' emotional and behavioural health. *Contemporary Social Science.* doi: 10.1080/21582041.2017.1422536 [Taylor & Francis Online], [Web of Science®], [Google Scholar].

저자 소개

성태제(Seong Taeje)

이화여자대학교 명예교수
국가교육위원회 교육과정 전문위원(부위원장)
학지사 자문교수
전) 한국교육과정평가원 원장
　　한국교육평가학회 회장

<주요 저서>

현대교육평가(5판, 2019)
현대기초통계학(8판, 2019)
연구방법론(3판, 공저, 2020)
알기 쉬운 통계분석(3판, 2019) 외

박홍식(Park Hongsik)

국제유학연합회 이사
전) 대구한의대학교 교수
　　전통문화연구회 회장
　　한국동양철학회 회장
　　한국유교학회 회장

<주요 저서>

현대인의 유교읽기(공저, 1999)
실학사상과 근대성(공저, 1998)
다산 정약용(편저, 2005)
남명학파 연구의 신지평(공저, 2008) 외

손자·손녀를 위한
세대를 넘어 이어지는
격대교육

2024년 5월 10일 1판 1쇄 발행
2025년 1월 20일 1판 3쇄 발행

지은이 • 성태제·박홍식
펴낸이 • 김진환
펴낸곳 • (주) **학지사**
  04031 서울특별시 마포구 양화로 15길 20 마인드월드빌딩
대표전화 • 02)330-5114   팩스 • 02)324-2345
등록번호 • 제313-2006-000265호

홈페이지 • http://www.hakjisa.co.kr
페이스북 • https://www.instagram.com/hakjisabook

ISBN 978-89-997-3122-8 03370

정가 15,000원

출판미디어기업 **학지사**

간호보건의학출판 **학지사메디컬** www.hakjisamd.co.kr
심리검사연구소 **인싸이트** www.inpsyt.co.kr
학술논문서비스 **뉴논문** www.newnonmun.com
교육연수원 **카운피아** www.counpia.com
대학교재전자책플랫폼 **캠퍼스북** www.campusbook.co.kr